周蓓 主編

專題史叢書

(日)豬谷善一 著 張定夫 譯

河南人民出版社

美國社會經濟史

本書敘述自1492年哥倫布發現美洲新大陸至1929年期間，美國社會經濟發展的歷史。分爲『殖民地時代』『西漸運動時代』『工業發展時代』3編，以客觀態度的觀察，以社會經濟的本位來敘述，較爲真實地反映出這一時期美國社會經濟發展的獨特之處

圖書在版編目(CIP)數據

美國社會經濟史 / (日)豬谷善一著; 張定夫譯. —
鄭州 : 河南人民出版社, 2018. 6
(專題史叢書 / 周蓓主編)
ISBN 978-7-215-11506-4

Ⅰ. ①美… Ⅱ. ①豬… ②張… Ⅲ. ①經濟史-美國
Ⅳ. ①F171.29

中國版本圖書館 CIP 數據核字(2018)第 069204 號

河南人民出版社出版發行
(地址:鄭州市經五路 66 號 郵政編碼:450002 電話:65788036)
新華書店經銷 北京虎彩文化傳播有限公司印刷
開本 710 毫米×1000 毫米 1/16 印張 23
字數 400 千字
2018 年 6 月第 1 版 2018 年 6 月第 1 次印刷

定價:184.00 圓

出版前言

中國現代學術體系是在晚清西學東漸的大潮中逐步形成的。至民國初建，中央政治權威進一步分散和削弱，加之新文化運動帶給國人思想上的空前解放，新學的啓蒙，新知識分子的産生，民國學術如草長鶯飛，進入一個自由而蓬勃的時代。中國傳統學科乃中國學術之根基與菁華所在，民國學人采用『取今復古，别立新宗』之方法，引入西方的學術觀念，積極改造，使史學、文學等學科向現代學術方向轉型。此外，大力推介西方社會科學的新學科和自然科學，在學習、借鑒乃至移植西方現代學術話語和研究範式的過程中，逐漸建立中國現代學科，使中國的學科門類迅速擴展。一時間，新舊更迭，中西交流，百花齊放，萬壑争流，開創了中國現代學術的源頭。

伴隨知識轉型和研究範式轉换而來的，還有學術著作撰寫方式的創新。中國古代的著作向來以單篇流傳，經後人整理匯編後，方以成册成集的面目出現并持續傳播。直到十九世紀末，東西方的歷史編撰體裁不外乎多卷本的編年體、紀傳體和紀事本末體等，章節體的出現標志着近代西方學術規範的産生和新史學的興起。章節體具有依時間順序，按章節編排；因事立題，分篇綜論；既分門别類，又綜合通貫的特點。以章、節搭建起論述之框架，結構分明，邏輯清晰，較傳統的撰寫體裁容量大、系統性强。它的傳入，使中國現代學術體系從内容到形式被納入了全球化的軌道。民國時期專題史的研究、譯介、編纂、出版恰恰是在這樣的背景下欣欣而發，是學術的實驗場，也是歷史的記録儀。編選『專題史』叢書的初衷正是爲了從一個側面展示中國學術從傳統向現代過渡的歷史進程。

專題史是對一個學科歷史的總結，是學科入門的必備和學科研究的基礎，也是對一個時代艱深新鋭問題的解答，是學術研究的高點。民國專題史著作中，既包含通論某一學科全部或一時代（區域、國别）的變化過程的，又囊括對一時代或一問題作特殊研究的，還有少部分是對某一專題的史料進行收集的。原創與翻譯并重，翻譯的底本大多選擇該學科的代表著作或歐美大學普及教本，兼顧權威性和流行性，其中日本學者的論著占據了相當比重。日本與中國同屬東亞儒家文化圈，他們在接納西方學術思想和研究模式時，已作了某種消化與調適，從思維轉換的角度看，更便于中國借鑒和利用，他們的著作因而被時人廣泛引進。

與當代學術研究日趨專業化、專門化、專家化的『窄化』道路迥乎不同的是，中國傳統學術崇尚『學問主通不主專，貴通人不尚專家』的通識型治學門徑，處于過渡轉型期的民國學術在不同程度上保留了這種特徵。民國學術大師諸學科貫通一脉、上千年縱橫捭闔之功力自不待冗言，外交家著倫理政治史、文學家著哲學史、化學家著戰爭史等亦不乏其人，民國專題史研究呈現出開放、融通、跨界撰述的特點。與此同時必須看到，自晚清以來，中國的命運就在外侮屢犯、內亂頻仍的窘境中跌宕彷徨，民族存亡仿若命懸一綫。這股以創建學科、總結經驗、解決問題爲指歸的專題史出版風潮背後，包裹着民國學人企望以西學爲工具拯民族于衰微的探索精神，及以學術救亡的愛國之心。梁任公曾言：『史學者，學問之最博大而最切要者也，國民之明鏡也，愛國心之源泉也。』這種位卑未敢忘憂國的歷史使命感和國民意識是今人無法漠視和遺忘的。

『專題史』叢書收録的範圍包括現代各個學科，不僅限于人文社會科學，學科分類以《民國總書目》的分科爲標準，計有哲學、宗教、社會、政治、法律、軍事、經濟、文化、藝術、教育、語言文字、中國文學、外國文學、中國歷史、西方史、自然科學、醫學、工業、交通共19個學科門類。本叢書分輯整理出版，內不分科，單本發行，方便讀者按需索驥。既可作爲大專院校圖書館、學術研究機構館藏之必備資源，也可滿足個人研讀或興趣之收藏。

與目前市場已有的一些專題史叢書相比，這次『專題史』叢書具有規模大、學科全、選本精、原版影印的特點。本叢書選目首重作者的首創、權威和著作影響力，尤其注重選本的稀見性。所謂稀見，即新中國成立後没有再版，且多數圖書館没有收藏，或即便有收藏，也是歸于非公開的珍本之列予以保存，普通讀者難以借閲。部分圖書雖有電子版，但作爲學術研究的經典原著讀本，紙質版本更利于記憶和研究之用。本叢書精揀版本最早、品相最佳的原版圖書作爲底本，因而還具有很高的版本收藏價值。

『專題史』的著作是民國學者對于那個時代諸問題之探究，往往有獨到之處，無論其資料、觀點短長得失如何，要之在中國現代學術史的構建與發展進程中，自有其開宗立論之地位。

譯者例言

一、本書原本，係日本東京商大教授猪谷善一所著，由日本章華社於去年年終出版。

二、單就本書的內容說：美國本來是一個開發未久的新興國家，其社會經濟之史的發展，自有其特殊之處，原著者能以客觀的觀察，處處作其不離社會經濟之本位而敍述，尙不失歷史家說眞話的態度，這是値得介紹的。至於本書的編別，是分爲三個階段，（一）爲殖民地時代，（二）爲西漸運動時代，（三）爲工業發展時代。這樣組織，也尙得體。不過有兩點：（1）本書的第三編——工業發展時代，只說到一九二九年爲止；至若對於一九二九年以來的經濟恐慌及其企圖克服這恐慌的種種實驗，原著者說是因爲限於篇幅，不及備載，只好讓讀者另外去研究。（2）原書站在日本的立場，故於末章對於日美初交史作了一個簡單的敍述。譯者譯到末尾的時候，本想改續中美經濟往來一章，以殿本書；但以嚴守譯書的本位，未便割裂。關於這一點，也只好讓讀者另外去研究。

三、譯者於授課之餘，倉卒成稿；且於專門經濟史又不能以「眞陸稿薦」自誇，如有錯誤之處，當以十分誠意，歡迎讀者指正。

目錄

第一編　殖民地時代

第三編　工業發展時代

美國社會經濟史

第一編 殖民地時代

第一章 美洲之發見與開發

第一節 歐洲中世末期的社會經濟情勢

美國的歷史，大都以哥命布（Columbus）第一次發見新大陸（一四九二年）爲始期。本書也是這樣。大凡劃立一個歷史上的始期，都是人爲的；這始期本身，並沒有甚麼特別的重要性。在美國歷史的始期上所認爲重要的，乃在哥命布航海後，歐人陸續西航所發生歐洲當時的社會經濟情形。換言之，卽不能不述及中世末期的歐洲社會經濟情形。這就是美國經濟史所由發生的背景。

從十五世紀末期到十六世紀末期這一所謂「發見時代，」歐洲社會確在一個變革期中，逐漸脫離中世的束縛，走向近代的發展之途。就文化方面說，正在「文藝復興」運動中作古典文化的復活。就宗教方面說，正因「宗教改革，」新教徒得以勃興，羅馬帝國及法王瀕於沒落。又就社會經濟方面說，正因封建制度的沒落，而使都市及「國民國家」擺脫了封建關係，逐漸生長起來，工商業逐漸具備了新的形態和生命。

本來中世的僧侶、王侯及貴族等特權階級，是依封建主地制度，在另一階級的勞動上取得生活資料的；可是他們的目的，卻如宗巴特(Werner Sombart)所說，是專在暇逸的獲得；至於像在現代的意義上專爲財富的獲得，卻非封建地主的主要目的。這是由於地主經濟的要義，惟在自給自足的緣故。但是到了貨幣的效用普及以後，便逐漸引起了交換經濟的到來。而助長這經濟發生的因素，就是都市。都市興起後，集聚於都市的人們，都是沒有血族關係的，其生活的資料，都是要靠着另一經濟單位的生產。而都市的主要構成份子，就是以權力及財力支配生活手段的王侯地主及商人。在以這些構成份子爲中心建設都市的時候，一方面是顯現着農村的不安，莊園制度之下的負擔加重，以及自耕農降到佃農的低落；而另一方面則顯現着都市比地方較爲安全和自由，於是都市便在此等情形之下，逐漸發揚滋長起來。

當時的經濟大變革，特別表現出來的，就是向來被人蔑視的商人階級一旦昇到了優越地位，而成爲十五世紀歐洲的支配階級。試看地中海沿岸及北歐的大商業都市，有許多比國家還要強大的情形，即可明白。在這些「都市國家」內部，富裕的商人便是當時政治的支配者。這種受商人支配的社會，因爲都要覓求新市場，所以充滿了向外開發的機運。

然則當時必須促令西航大西洋，探求東洋市場的直接動因，究竟何在呢？

原來中世的歐洲商業生活，是以從事東洋交易爲中心的。在十五世紀的時候，地中海之所以還是西歐最進步最複雜的經濟組織中心者，也就是爲着與近東及遠東的生產物相交換而要通過地中海的緣故。就當時的貿易情形說。從東洋方面輸入到歐洲方面的東西，主要的是爲歐洲所珍貴的香料（以之爲粗惡飲食調味之用），茶、咖啡、寶石、貴重織物、染料、香水、藥品、絨毯等物；而從歐洲方面輸出的東西，主要的是毛織物、錫、銅、亞鉛、砒石、錫等物。不過從東洋輸入到歐洲的貨物，是比較的高貴品，以之與歐洲輸出品的價額相較，畢竟不足抵償，爲着塡補這大宗貿易上的差額，遂不得不把大量的金銀送到東洋。（註一）因此，歐洲方面便減少了金銀的所有量，因金銀所有量的減少，勢必增加金銀的購買力，所以開發新大陸的動機，可說是以追求金銀爲最有力的一個原因。

加之，從東洋方面輸入的貨物，在當時是奢侈品較多，因爲適合中世紀上層階級的嗜好，所以這種貨物的需要很廣，其交易上的利潤也很大。可是在輸送方面，卻有很大的困難與危險。在當時，這些貨物輸入到西歐諸國，共有三條路線。第一條路線，是完全由陸路輸送，卽由「團隊商」慢慢地從印度橫過西北地方的山路與沙漠而來。第二條路線，卽彙集於波斯灣頭以後，再由大馬色(Damascus）的陸路，達於腓尼基（Phœnecia）及埃及諸港而來。第三條路線，就是海路，先過印度洋及紅海，至非洲海岸的柏累奈西(Berenice）上陸，再下尼羅河達於地中海岸的埃及諸港而來。這三條路線，若從當時的交通條件看來，都是很危險的，所以發見其他新航路，來博得巨利的要求，非常迫切。

要之，對於東洋交易的重要性，在歐洲中世後半期的經濟生活上，確有很大的反映。如威尼斯(Venice)旅行家馬可孛羅（Marco Polo）所說的黄金之地的東洋，在當時的歐洲人看來，的確是一個無限的迷惑。加之文藝復興以後，因加強了地理知識的研究，自然會涵養了不少新的冒險精神，又因當時發明了羅針盤，對於航海術益加進步，且造船術亦逐漸發達，從此以後，長途探險航海之物質上的條件，遂逐漸整備了。

在上述種種情形之下，適逢發生了必須探求新航路的事件。這一事件，就是十四世紀後半期及十五世紀後半期的俄托曼族（Ottomans）的土耳其侵略東洋交易，發生了大混亂的有名歷史事件。自從蒙古衰落後，繼起伸張威力的土耳其，遂於一四五三年陷入了羅馬帝國最後的保塞君士旦丁堡（Constantinople），以後還繼續侵略，逐漸征服了沿利凡得（Levant）的諸港。當時的土耳其人，在基督教的諸國民看來，簡直就是神的敵人；只有波斯人以自己的信仰和商業關係，纔感覺有與土耳其妥協及進行外交之必要。因於一四七九年以納貢於土耳其爲代價，雙方締結通商協定，規定只有威尼斯可以獨占東洋的交易。此後，又屢將這協定重新修正過，直到葡萄牙人迴航非洲，發見直通東洋的路線爲止，東洋交易，仍爲威尼斯所獨占。但是只讓威尼斯獨自繁榮的結果，其他諸國不僅喪失了東洋交易的利益，而且因爲人口的增加，工商業的擴大，無不痛感金屬貨幣的缺乏。從此急欲發見新出路，來打破威尼斯的獨占，均占利潤的願望便非常迫切了。

不久，十字軍東征，十字軍東征軍興，其遠征名義，雖在恢復聖地，而其重要原因，卻在驅逐土耳其的回教徒，重新打開東洋交易的路線。所以賽孟志（A. M. Simons）說：「東洋交易路線尙未瀕於危殆時，不見有十字軍的倡興；及至商業變革後，足令擁有以前那種特定交易路線的支配階級的商人降低其重要性的時候，對於十字軍遠征之終息，至少可說是一個暗示。」（註二）

從此，種種的探覓與發見便陸續發生了。如哥倫布之發見美洲（一四九二年），喀波特（John Cabot）之發見北美（一四九七年），巴爾坡亞（Balboa）之發見太平洋（一五一三年），格利哈爾發（Grijalva）之發見墨西哥（一五一八年），麥哲倫（Magellan）之發見麥哲倫海峽（一五二〇年，彼死後，其乘船「維克多利亞」（Victoria）號纔迴航地球）等是。

可是當時對於領有大洋的觀念都很強，由達·伽馬（Vasco da Gama）及麥哲倫發見的航路，即分別爲葡萄牙及西班牙所占有——此爲法王的區劃線所定(Papal Demarcation Line)(註三)——因之其他各國，乃迫於發見本國航路的要求，於下一世紀中，對於發見繞北的北東航路及越美的北西航路，曾經試探過許多次。就中發見北西航路，最努力的就是英國人。英國人其所以要努力發見北西航路的原因，一則由於英國在當時並無橫斷葡萄牙西班牙的航路之必要，只想完全保持自己的航路；二則由於英國當時的主要產物爲毛織物，在那寒冷地方正好開闢毛織物的市場，獲得厚利。

(註一)Ed. Cheney, European Background of American History, pp. 9—19.

(註二) A. M. Simons, Social Forces in American History, p. 6.

(註三)在十五六世紀「發見時代」之初，西葡兩國互爭發見殖民地的獲得權，因於一四九三年由法王亞歷山大六世(Alexander VI)裁定將亞速爾(Azores)及未德(Verde)羣島之西約百英里，劃一結合南北兩端的界線，在這界線西方發見的陸地屬於西班牙，在其東方發見的屬於葡萄牙。

第二節　開發與殖民之一般的原因

自一五一九年至一五二〇年有西班牙人科德司(Cortes)征服了墨西哥，及一五三一年至一五三四年有西班牙人畢扎羅（Pizarro）征服了祕魯的印加族（Incas）以後，因爲在這兩處發見了財寶，開採了銀鑛，於是對於貴金屬的獲得，便成了開發美洲內地的主要動因。

當時西班牙的美洲領地，其貴金屬的年產額很高，計一四九三年至一五〇〇年間的每年平均生產額爲二十五萬元，又自一五〇〇年至一五四五年間的年產額則增加到三百萬元，又自一五四五年至一六〇〇年間的年產額，更增加到一千一百萬元，及至一六〇〇年的總產出額，已共達七四〇、一七五千元。當時的一元，約以二美元計算，則共達一、四八〇、三五〇千美元。(註一)

這種莫大的財源的確眩惑了當時的全歐洲，所以西班牙打了先鋒以後，其他諸國自然要繼起對於這種資源作狂熱的探求。就當時探求的情形說，西班牙爲要獲得北美的貴金屬，曾經作過許多次的探覓；但是終於不能達到其所期望的目的，不過藉此明白了北美的地理。因此，西班牙除領有佛羅里達(Florida)及泰克薩斯(Texas）等地之外，便放棄了領有新大陸北部的企圖。此後西班牙活動的主要範圍，即以西印度諸島與墨西哥（新西班牙）及中南美爲限。自從當時西班牙在墨西哥及祕魯的貴金屬上面很容易地獲得了財富之後，當然要引起其他各國也去探求金銀，英法兩國在探查與開發的初期，卽以此動機爲最強。就是到了以後眞正殖民的時代，其發見金銀財源的意義還沒有消滅。所以國王的特許狀中，竟明載須依發見的比率，納稅於國王，不幸英法荷蘭等國所開發的北美，其所埋藏的金銀，終不及中美南美之豐富。因此，開發北美的種種動機，雖以探求新大陸的金銀爲主因；但是以後最顯著的效果，卻是新英格蘭(New England)海港的漁業及印第安人的毛皮交易。原來住於加拿大的印第安人，不是像南方的印第安人經營定著農業，而是以漁獵爲生。初期的許多探險家，大都以少許的商品，交換毛皮，而獲厚利。

此外，又加以新大陸的原野及森林中所富有的資源，也是當時不可掩蔽的事實。

自從有了這種開發的動機以後，直到美洲發見後三世紀中，便大舉殖民。不過在殖民時代中，其所以大羣的殖民的，當然還有幾種深刻的原因在。

原來歐洲人要在美洲建立殖民地的動機，極不一致，不僅因殖民地的地方不同而各異。並且卽在同一地方殖民，亦因人而不同。不過在北美方面想開發金銀的願望，卽在以後殖民時代，還是仍舊存在的。這種情形，由一般人極深刻而且極堅強的動機看來，即可明瞭。但是當時北美的新天地，既然除了漁業與毛皮交易之外，再沒有其他的魔力，可以推動殖民，那末，殖民的動機，即須另外求之於歐洲的經濟情形之中。其根本的原因，即在歐洲中下等階級的生活日惡，急欲逃脫經濟的壓迫，來到新大陸開其營生之道。

歐洲各國因中世經濟的發展，便發生了人口過剩的現象。當時的農民階級，雖然脫離了農奴的名義；但在經濟上還是不能向上。加以農民的解放運動，又遭受極端的壓迫。此外，又加以假宗教之名行政治目的之實的戰爭，不斷的發生，當哥侖布發見美洲的時候，正是百年戰爭以後，在以後三世紀中，簡直可說所有歐洲的國家，無一不從事於宗教戰爭，而尤以德國爲最甚，所以從德國移到新大陸的人民，大多數都是從戰爭最苦的萊茵河（Rhine R.）流域逃去的（他們有的構成了賓夕法尼亞（Pennsylvania）的殖民。）

加以歐洲工商業的發展，正要覓求新開發的地域，資本家纔得着投資的新機會。當時開發金銀寶藏的願望雖然不能實現；但是美洲之富於原野及森林的財源，卻是極顯然的事實。因而土地的誘惑，正於歐洲感覺土地缺乏的時候，便成了移民的主要動機。

可是同時又要注意到宗教方面及政治方面也有殖民的次要的動機。

先就宗教上的動機說，是以加特力教的傳教意義為最強。例如美洲的西班牙領地之傳教，及法國僧侶對於印第安人之教化，皆為顯著的事實。除這傳教的目的之外，急欲脫離因宗教不同所受的壓迫而遠離本國，也為十六七世紀殖民之極有力的動機。計自一五六二年法國的新教徒(Huguenots)開始移居於卡羅來納(Carolinas)以後，至一六二〇年又有淸教徒從英國脫離宗教的壓迫，乘「美佛拉臥」號船移至新英格蘭，這都是很顯著的事蹟。此外，還有可舉的事實，如從英國脫離馬利蘭地方的舊教徒之來到賓夕法尼亞以及長老派之從愛爾蘭的厄爾斯達(Ulster)地方來到賓夕法尼亞及卡羅來納地方等是，所以愛吉東說：除了弗基尼阿(Virginia)、佐治亞(Georgia)、紐約(New York)以外，其他最初構成美國的諸州之所以能夠成立及繁榮的，可說都是由於在本國受了宗教分離的影響而來的成分。（註二）

又就政治上的動機說，在北美殖民的一切計劃中，都可以表現出政治上的動機。例如英國之殖民於弗基尼阿及卡羅來納，都是爲要阻止西班牙人的北上。這種爲對抗西班牙而殖民的政策，不僅英國是這樣，就是法國及荷蘭也能表現出來。而且英法荷三國相互間，都是彼此對抗的。在另一方面，又因本國政治上的傾軋，爲着避免反對派的彈壓，求得政治上的自由而殖民的，也不在少數。

（註一）Bogart, Economic history of the American people, 1930, p. 16.

（註二）Egarton, Origin and Growth of the British Dominions, 1910, p. 105.

第二章　北美殖民之經過

第一節　殖民之一般的條件

新航路及新大陸發見以後，就各國殖民的分野概觀之，西班牙則除巴西（Brazil）之外，占有南美的全部，中美北美的南部，加勒比海（Caribbean Sea）諸島，及菲律賓諸島（Philippine Is.）的大部分。葡萄牙則領有阿非利加東西海岸地帶，巴西阿剌伯海沿岸及摩洛哥（Morocco）等地，約與西班牙的領地相等。法國則自黎塞留（Richelieu）時代（一六二七——四二年）即包含加拿大及路易斯安那（Louisiana），領有新法蘭西，並占有馬提尼克（Martinique），瓜德盧普（Guadelonpe）及海地（Haiti）等地。荷蘭的領地，則大部分是從西班牙領地葡萄牙領地奪取得來，再加上好望角（Cape of Good Hope），巽他諸島（Sunda Is.），及新阿姆斯丹特（New

Amsterdam）等地。英國的殖民地，則除領有北美東海岸外，亦努力奪取他國的領地。至若移居的殖民地，事實上卻只以英法兩國在北美的殖民地是這樣。此外，不是商業的殖民地，便是（plantation）。（註一）

可是在當時殖民的必要條件，則須有下列各點，即（一）強有力的國民政府為政治背景，（二）貿易獨占，（三）由多數人集聚的大資本。

（一）強有力的國民政府為援助——重商主義　自中世末期封建制度崩潰以後，一方面，所謂國民國家隨而勃興，同時他方面，又因交易範圍的擴大，促起初期商業資本主義的成長。這兩方面為着對抗中世的封建主義，想來克服它，必然的要共相提攜纔有可能。若以當時資本主義的力量，單獨對抗封建主義，自不免於薄弱——尤其當時的英國在國際上落後的時候是如此——所以絕對要用上面的國家權力來統制，而使保育政策的發展，達於更高的階段。所以國家對於經濟關係的干涉，其根本意義，即在一方面保護助長初期的資本主義，一方面又在國民國家依此手段以建立國民的經濟組織。這種經濟政策，即一般所謂「重商主義」。其目的，一方面為使國家強大，纔好管理工商業，一方面爲使工商業發展，卽須利用國家的政治權力。

在當時最勇敢的歐洲人看來，權力的淵源就在商業，商業的淵源就在殖民地，重商主義，是密切的與殖民政策相連繫的。所以從十五世紀後半期到拿破侖戰爭終結這一時期中，所有葡萄牙西班牙荷蘭及法英諸國，都是彼此相拮抗，各爲殖民政策而努力發揚其國家的權力。這些國家雖各因殖民方策之不同，而各有其意義，但在這一期間中的共通特徵，都是爲本國而榨取殖民地這一點。

（二）貿易的獨占——殖民地的盟約　在當時重商主義之下對於殖民地的政策之另一重要特徵，卽在採取排斥他國的態度，及對殖民地所採取的從屬的政策。這種政策，在「殖民地的盟約」中可以表現出來。今舉其要旨於下：

一、限制殖民地產物輸出於本國以外的他國；

二、保護殖民地產物輸入於本國；

三、限制外國貨物輸入於殖民地；

四、只許可本國船向殖民地貿易；

五、限制外國人在殖民地的居住及營業（但此限制只適用於西班牙法蘭西殖民地；）

六、對於殖民地的產業，干涉其種類。

尤其是上列一至四的貿易獨占政策，爲當時最顯著的事實。英國於一六六〇及一六六三年所發布的航海命令，卽本此旨。

（三）巨額的資本——貿易公司　十六七世紀的遠道交易，因爲各個商人的資本和能力都不夠應付，所以發生了貿易公司。分析言之，卽由於：

（甲）遠道交易上因有掠奪和商戰並土民等危險，其結果便視此交易並非單純的商業行爲，簡直成了軍事行動，有強力保護之必要。

（乙）因爲商業上損失的危險很大，極富於投機的性質，所以要廣汎的分散這種危險，勿令個人負擔。

不僅如上述的各個商人有結合之必要；而且爲在這結合中得到某一特定地域的交易獨占

權，更有組織貿易公司之必要。分析言之，卽由於：

（甲）政府不願管理多數各個商人，希望管理少數有責任的團體，且便於課稅。

（乙）遠道交易，須以善良意志爲重；設有不好的商人欺瞞士人或殺害士人而逃，勢必對於本國其他商人的活動，加以很大的阻礙。所以有團結之必要。

貿易公司，是在意大利所發生的組合組織與中世商人的基爾特組織這兩種意義上，而發生的新的企業團體，卽規約公司（regulated company）與股份公司是也。

規約公司，是繼承中世基爾特的傳統而來，其組成分的商人，一方面要服從組合內的協定；他方面對於組合外的商人及消費者又具有排他的獨占性，其結果，便成爲各個商人一種鬆懈的結合。英國初起的公司，多屬於此，其組成員的商人，大都在公司規約之下，利用其組織，而行利己的交易。這種公司，以後逐漸發展而成爲股份公司。

股份公司制度，自十七世紀初葉以來，是由意大利遍行於北歐。這種公司，並非以商事交易爲限，卽關於殖民事項的大部分，也可由特許的股份公司去經營。除西班牙葡萄牙兩國的殖民事項爲本國政府所獨占之外，他如英法荷蘭瑞典丹麥等國，都是依此公司制度而經營。

在亞美利加殖民史上，這種規約公司與股份公司，的確盡了重要的任務。由這兩種制度所產生的特許公司，可視交易區域的情形而定其任務，或則從事貿易或則從事殖民。若在印度那人口稠密的土地上，特許公司即作爲單純的貿易公司而存在；若在美洲那人口稀少且富於天然財源的土地上，則以殖民爲獲得利潤的安全方法。例如加拿大的百人團（The Hundred Associates in Canada），倫敦及普利馬斯公司（The London and Plymouth Cos.），以及荷蘭西印度公司（The Dutch West India Co.）等，其當初設立的目的，都在商事交易；但是到了認定殖民爲有利的時候，又逐漸轉向殖民方面而進行。

許多的殖民地在事實上都是由這些公司投資而建立的。就投資方面而說，這些公司確於亞美利加的歷史上具有重要的意義。因爲要在新世界建立殖民地，其事實上的困難，其費用的浩繁，畢竟非個人之力所能爲，自須由公司去經營。然公司經營，未必卽能獲利，不僅不能獲利，而且能够償還股款於股東的都極少。那末，由此可知建立殖民地所要認識的最後目的，決非對於本國發起人的投資與以財政上的報酬;而在將來獲得間接的經濟上的利益。

(註一) plantation 這名詞原來是表示栽種植物的土地;但當英國在西印度及北美殖民的時代,即變爲表示殖民團或由殖民團建立的政治單位及至稱海外領地爲殖民地(Colony)的時候,這一名詞,又是表示溫帶地方大規模農業的單位。因此這一名詞,遂普通用爲表示殖民地或半殖民地的廣大的不動產形態,或由奴隷勞動,或由租賃勞動而榨取棉、茶、砂糖、橡皮等等熱帶的或半熱帶的產物。(本於Encyclopaedia of the Social Sciences edited by Seligaman, plantation)。

第二節　西班牙荷蘭法蘭西殖民之失敗與英國之成功

對於現在的美國這個地方,想握霸權的西班牙荷蘭法蘭西英吉利四國,在初彼此都不相上下;但是博得最後勝利的,卻是英國。茲舉其原因於左:

(一)消極的原因　即在與英競爭的各國對於殖民政策之無能。茲就西班牙荷蘭法蘭西諸國不甚完備的政策,分別考察如下:

(1)西班牙　關於統制殖民地的制度,首先發展的國家就是西班牙。不過它的政策,是僅以殖民地爲供給財源於祖國的一個工具,是用一種嫉妬的殖民政策,來獨占殖民地的產物和貿易。由這偏狹政策所得的結果，西班牙的殖民地，便成了本國特權階級利己主義的犧牲品。而且這種政策，不能使西班牙人的家族作永久移居之計，既不永久移居，卽不能說是眞正的殖民。

（２）荷蘭　荷蘭殖民，首先運用的工具，就是荷蘭東印度公司（Dutch East India Co.），以後又有荷蘭西印度公司，這兩個公司的政策，和西班牙相同，都是採用非常利己的通商政策，汲汲於追求直接的利益，不能說是永久移居的眞殖民。所以荷蘭這種殖民政策，畢竟發生了哈得孫河（Hudson R.）口殖民之能否發展的疑問。及至十七世紀中葉，荷蘭在商業上及海上的優越性，遂爲英國所代替，以至於不能與強鄰相對抗。

（３）法國　法國領有聖勞棱斯（St. Lawrence R.）及密西西比河（Mississippi）流域這些廣大地盤的結果，法國人便散居各地，從事於毛皮交易那種半遊牧的職業，不能形成經營固定農業這種集團的殖民地，這確是失敗原因之一，又當時法國國王的政策，徒將財富和人口，費於無益的戰爭，很少用到海外殖民地的建設，這也是一個失敗原因。

以上是就與英競爭各國方面的缺陷，說出一個大概。以下就英國方面來看，卻有不同之處。

（二）積極的原因 即在英國的優越性。殖民本來是要指導和組織以及巨額的資本並優秀的勞力纔能舉辦的。這些優點，英國確比當時（十七世紀）歐洲任何國家較為具備。當時的英國，除由貿易和掠奪來蓄積財富之外，還依牧羊及其他有利於國內實業的發展而蓄積財富，所以巨額資本的投資是可能的。

此外，殖民事業中最重要的要素，還有人的要素，英國對於這一點，確又有最大的便利。如貝亞得所說：「殖民史上極重要的事實，要注意英國在事實上對於農奴制的消滅，確比大陸各國先行二百年。」同時農業上的大變革，促令一般的人們來到都市。他又說：「歐洲諸國中，只有英國有慣於農耕而且能夠斬斷土地羈絆的多數男女。他們在本國所享有的自由，實在發生了疑問，於是促令他們冒種種患難，移到新大陸來居住。」（註）

（註）Charles O. Beard and Mary B. Beard, The rise of American civilization, Vol. I. p. 23.

第三節 英國殖民的發展

英國在美洲殖民的發展，始於亨利七世(Henry VII)，在亨利七世的援助之下，意大利人喀波特(Cabot)遂於一四九七年到達了拉布剌達(Labrador)沿岸，以國王之名，領有其土地。其後約有一世紀的四分之三的期間，英國對於美洲的注意力卻在停滯中。若就這初期殖民時代的特徵而言，大都採用掠奪的方法，如杜拉克卿(Sir Drake)之襲擊西班牙的財寶船，冒取西班牙在美洲的殖民地，就是最顯著的實例。

可是到了英國女王依利薩伯(Queen Elizabeth)特許吉爾柏特(Sir Humphrey Gilbert)殖民於美洲的時候，又引起了英國對於殖民的注意。

今就英國殖民的發展過程說，其第一階段，卽在領主政治(Proprietary Government)之下，由貴族中的有志者去進行。所謂領主政治者，卽基於封建制度的觀念，由國王特許某一貴族統治殖民地的某一特定地域，承認領主有制定不違國法的法律及課稅的權利，同時領主對於國王負有若干貢納的義務。這種制度，在英國，是以喀波特受亨利七世的特許去發見大西洋西面的地域爲嚆矢；不過沒有得到若何實效。以後又於一五七八年，由依利薩伯女王特許吉爾柏特獨占美洲及印度的殖民事業與其通商事項、吉爾柏特在紐芬蘭曾努力於殖民地的發見不幸於一五八三年的歸途中因乘船沈沒而歸於幻滅。彼死後，一五八四年又有其從兄弟勞萊(Walter Raleigh)受特許，繼其衣鉢也有數年的努力，尤其是殖民於弗基尼阿的努力爲最大；可是也只耗盡了財力，於實際上沒有成功他的殖民事業。因爲他們的失敗，終於認識了殖民事業決非個人能力所能爲，從此遂踏入第二殖民階段，即由特許貿易公司而爲之。

當時英國因爲受了東印度公司(在一六〇〇年受特許)非常成績的刺激，遂有獨占美洲通商事項的貿易公司之設立。例如欲在北部沿岸獲得毛皮漁業及木料等利益的普利馬斯公司，及以開發南部爲目的的倫敦公司(通稱弗基尼阿公司，)皆爲英國貴族商人們的企業者所組織，各於一六〇六年受到詹姆士一世(James I)的特許狀而成立。茲就其特許狀的條件，舉之於左：

一、在殖民地設立殖民地評議會(Council)：

二、若於殖民地發見貴金屬的鑛山，即以採掘額五分之一納於王宮；

三、誘導土人信奉基督教；

四、賦予土著的人民在其地域內之自治權。

並且這兩公司的活動範圍，也有限制，即限定普利馬斯公司從北緯四十一度到四十五度，限定倫敦公司從北緯三十四度到三十八度。從三十八度到四十一度的中間一部分，則委之移居的先占者。

美國最初的定居殖民地哲姆斯敦（Jamestown），是在一六〇七年由倫敦公司建設的；後因公司的經營不瞭解殖民的本質，不久即完全歸於失敗。其後又於一六〇九年得着第二次的特許狀，改造組織，完全具備公司的性質，住在倫敦的股東，簡直視殖民地為 plantation 而投資，設出了許多管理的手段；但是又因一切收益都要放在公共會計之手，按照計畫，須先充勞動者的需用，次作分配股東的利益，遂至弊端百出，監督困難，而歸於悲慘的失敗。所以這種制度，曾於一六一九年中止過一次，而將土地移歸於各個移居人所有。原來移居人的困難，是由於一般吏役的秕政以及移居人自身的無能而生；但是除此之外，土地不良，也是一個大原因。因此，終於一六二四年由國王廢除特許制，而弗基尼阿遂成爲王領殖民地(Crown Colony)。但是情形不良，依然如故，到了以後，這塊土地，不過足供栽培煙草之用而已。

因有這種不良的情形，所以從英國本地來到弗基尼阿的殖民人數，自一六〇六年到一六二五年雖達五、六四九人，但至一六二五年，其中得獲生存的，卻只有一、〇九五人。其減少的原因，雖有一部分是由於歸還本國；然其主要原因，卻由於因疾病與飢餓而死亡。(註)

至於與倫敦公司同時(一六〇六年)受特許的普利馬斯公司，也在基內別克河(Kennebec)口建設了移居殖民地；可是也只經過了數月而中止。以後又從新在普利馬斯努力於殖民地的建設——此卽在美國的第二定居殖民地。這個殖民地與倫敦公司所經營的弗基尼阿殖民地，除土壤氣候不同以外，殖民者的構成也不同。在弗基尼阿殖民的構成分，是由貴族出身的人們與商人，使用雇工及奴隸從事於煙草的栽培；然在普利馬斯地方，則以小農和店員及勞動者爲中心，加以由荷蘭來的一批移民混合而成。到了一六九一年將普利馬斯變爲王領殖民地而合併於馬薩諸塞灣(Massachusetts Bay)的時候，其人口還只有七千之譜。

及至馬薩諸塞灣公司（Massachusetts Bay Company）於一六二九年受特許以後，即從事於殖民的經營。其殖民者，大都是英國的中產階級。這些人們，都是在本國反對查理一世（Charles I）的專制政治，想在新大陸求自由的。這個公司經營殖民，有二點與弗基尼阿及普利馬斯兩殖民地不同，茲述於下：

一、公司的本社，不是固定的在倫敦；公司的組成員移居此地的時候，都有自己的特許狀，都能自行管理。若要移轉本社到殖民地，須取決於多數居於美國的董事，這都是殖民事業史上的新例。

二、殖民者爲與印第安人通商及其他的必要，都提供了自己的資本和工具及衣服等物。所以他們不受本國官吏或本國財政的統制，與其他殖民地比較起來，他們確能享受很大的自由。

初在弗基尼阿及新英格蘭建設移居地的主力，雖爲此種特許公司開創之功，但此準備的建設成立以後，卻不靠強大的後援而能實現。如科內提卡特（Connecticut），羅德（Rhode）紐罕普什爾（New Hampshire）緬因（Maine）等地，或是由其他殖民地而來的移民團所創設，或是由富裕的地主所創設。其進行方法，即先給與一所土地於本國的有力者，而此有力者再用種種方法，極力誘引從歐洲或其他殖民地而來的移居者，而給以區劃較小的土地。如一六三二年巴爾的摩爾卿(Lord Baltimore)之對於馬利蘭(Maryland)，一六六三年八地主貴族之對於卡羅來納，一六八一年賓威廉(Wm Penn)之對於賓夕法尼亞，都是作為定居殖民地而創設的，他如紐佳錫(New Jersey)、佐治亞等地也是一樣，於是有名的十三州的建設遂各個成立了。

(註) Lippincott and Tucker, Economic and social of the United States, 1927, p. 53.

第三章　殖民地時代的經濟情況

第一節　概說

美洲殖民地的經濟狀態，若作概觀的敍述，則須與歐洲各國商工業在當時的繁榮相對照，至若大規模的製造工業，在當時自然不能成爲問題。因爲當時的經濟發展尙幼稚，如產業技術上的熟練勞動工業設施所需要的資本，人口稠密的市場，都是很缺乏的，所以經營殖民的人們，不過以比較的不熟練勞動，去開發自然的財源，再以開發的產物，去交換海外市場的商品而已。這種產物，就是由森林財源中生出來的毛皮和材木，由河川海洋中獲得的漁物，以及由無課租的肥沃土壤所產出的農產物。

英國殖民者所引爲遺憾的事件，就是西班牙的殖民地多富於金銀的埋藏，西班牙可以舉其全力採掘金銀；反之在英領殖民地十三州之中，卻沒有發見過貴金屬。其在紐佳錫，科內提卡特，紐約等地雖然發見了鐵鑛；而其大規模的開採，卻是十八世紀中葉以後之事。並且到了十八世紀末葉，煤炭還沒有發見，可知英國在殖民地時代，鑛業財源確很少資助殖民地的繁榮。假若在當時發見了像今日美國所有的財源，恐怕美國的獨立要發生困難。總之在當時直接所能取得的財源，不外於海產和林產及毛皮等物，而移居者在經營固定農業以前，都是要使用這些財源的。即令以後農業漸興，而慣於採伐森林以及屠殺獸類的略奪方法，還是仍舊採用。這種開發產業的方法，無非是以最少的資本和勞力來獲得迅速的報酬。

這種經濟上的傾向，在經濟發展尚在幼稚階段的殖民地當中，確是一個特徵。其原因，已如上述；但是最主要的原因，卻在人口的稀薄。

美洲大陸的英屬殖民地，其總人口，在十七世紀末葉，還不到二十五萬。（註一）（在新英格蘭八·九萬，中部殖民地六萬，弗基尼阿及馬利蘭八·九萬，南卡羅來納一萬，北卡羅來納僅三千，）而其人口居住的主要處所，大都是沿着海岸線和河川。

以後的人口雖因移入人數漸多及人口之自然增加，較前爲多；但至一七五四年（革命勃興十年前）的總人口還不到一百五十萬，而其大部分又皆居住於農村。至於大都市，則尚未發達。當時號稱最大的都市如菲列得爾菲亞(Philadelpia)，也不過一萬人口，他如波士頓(Boston)則只有七千，紐約則只有五千。

茲就一七五四年白人及黑人居住人口統計數字表列於下。(註二)

一七五四年英屬殖民地人口（單位千數）

	白人	黑人	計
新英格蘭	四二五	一四、四	四三九、四
中部殖民地	三五三	二七、五	三八〇、五
南部殖民地	三八七	二二二、〇	六〇九、〇
計	一、一六五	二六三、九	一、四二八、九

自喀波特發見北美以來經過一世紀半，自吉爾柏特着手殖民以來經過五十年，在此時間中，並且連上列的稀薄人口數目都趕不到了。由此可知開發殖民地的事業，決沒有一獲千金的性質，

自非樹立永久而切實的基礎不可，有了這種認識的時候，使痛感勞動力不夠的關係極大，如美國獨立後所引起的奴隸解放戰爭，可說就是一個輸入黑人的要求。所以各國的殖民地政策在當時的一個共同特徵，就是奪取先居者或奴隸的勞動成果以爲己有，換言之，卽爲帝國主義的侵略。在英屬美洲殖民地之下，當亦不能例外。

然在初期開發美洲殖民地經濟的方向，除掉鑛物財源未開發——這是重要的缺點——以外，其以殖民地爲原料供給地的着眼點，卻與當時的重商主義相合。英國在美洲殖民，就是堅守這個方策。如果由政府或規約公司去獨占殖民事業，恐怕殖民的成功要成爲疑問，也未可知。不過英國對於獨占政策之不能開發殖民地的認識，也不簡單，一方面固然是忠實於重商主義的政策，同時他方面又要對於殖民地立出一個永久的開發方策，於是重商主義的政策與殖民地經濟的發展之間，生出了一個矛盾，由這個矛盾，遂引起了以後的獨立革命，以致英國終於放棄了美洲。

（註一）F.A.Shannon, Economic history of the United States, p. 18.

（註二）Bogart, p. 125.

第二節 農業

殖民時代經濟生活的中樞，可說就是農業。因為農業人口在總人口中占十分之九以上，所以為着維持他們的生存，即須注重農業；否則，人民的食物除靠輸入之外無他法；但以當時的財源狀態而論，終歸沒有負擔購入這主要食物的能力。又就本國重商主義的政策而論，也有開發殖民地的農業之必要，所以當時的殖民事業，要以農業為中心。惟當考察殖民時代的農業時，似乎有先就當時的土地所有關係加以說明之必要。

就理論上說，原來土地是屬於英國國王所有的；但在實際上，土地的取得，自然是由團體或個人與土著的印第安人交涉而來。不過在通常的形式上，都是由國王賦與的，或是賦與於私的團體（如特許公司），或是賦與於幾個地主（如卡羅來納地方），或是賦與於個人（如賓威廉及巴爾的摩爾等），又或就特許的形式而賦與於原有的移居人（如羅德島(Rhode Island)地方。）總之無論對於特定的團體或個人——多半是貴族——在國王看來，都是把土地當作原始的畜積而賦與的。

新英格蘭的土地，是特許爲政府所有的。這種土地，可以依照郡區公賣制(Township Grants)，讓與於人民。就通常情形說，凡是立法機關所許可的承領土地公賣的團體，可以承領三十六平方里的郡區(Township)，承領以後，再由本團體的同人將這土地分爲二部分，以其一部分分配於各移居人，並賦以世襲不動產所有權(fee simple)；以其另一部分的森林、沼澤、草地、牧地等倣照歐洲的莊園制度，作爲大家使用的共有地，這以一部分爲無條件的世襲財產而以殘餘部分爲共通所有的土地制度，後因人口稠密，而又逐漸轉化爲絕對的個人所有了。在行共通土地制度時，固然在經濟上有種種欠缺；但在社會上政治上卻足以養成共同社會生活的習慣，得到有益的結果。

除新英格蘭(還有舉辦慈善事業的佐治亞地方)之外，國王(如在弗吉尼阿是)或個人的地主(如在馬利蘭及賓夕法尼亞是)，都保有封建的土地所有關係，決不是無條件的授與土地；而是將土地分給移居人之後，用每年免役租(Quit-rent)的形式去徵收課租；可是移居人對於這種徵收，卻大加非難，加以隔離太遠的國王或地主，若要對於當地的移居人作徹底的徵收，又有鞭長莫及的困難，所以這免役租制度，遂因以後的革命，而爲各州所廢除，卽在未經廢除的州中，也不過有名無實，都確立了個人所有的制度。

原來美洲殖民地的第一個課題，是在如何的生產必需的食料，爲要解決這個課題，印第安人的農作法，確有極大的貢獻。事實上印第安人對於美洲文明的唯一貢獻，可說以在農業關係上爲最著。如凱里爾所說：「今日美國的農業，至少有三分之一是美洲的土著農業。」（註一）

所有印第安人土著作物的栽培方法及開墾方法，都很快的被移居人學到了。原來印第安人在廣大平原地方，是以狩獵爲主業；然其大部分的種族，都是在密西西比河以東從事於定居農業的。

土著作物中最重要的，是以玉蜀黍爲第一，（不是因其有特別高價纔有大量的收獲；而是因其最適合於原始的農業，）第二就是馬鈴薯，第三，就是煙草，其餘則爲甘藷、蕃茄西瓜等產物。

十七八世紀的時候，歐洲的農業者，因受人口增加的壓迫，本已有了集約的農作法；但是在這同一時代的美洲，都因土地過多與勞動力的不足，所以反而要學印第安人的土著農作法。

不過移居人爲使本國的作物和農具並農作法，盡量的與其移居地相適合，在初也曾特別選定過作物，作了種種的試驗。將近十八世紀末葉的時候，適逢本國發生了土地收奪運動（Enclosure），農事當有不少的改良，所以許多移居人當離開本國來到美洲的時候，要抱着正爲當時所使用的農耕知識而來，這是當然的。

可是要以少許的努力，取得無限的豐饒的處女地，這是不能發達科學的農作法的；且因勞動力的不足，有節用之必要，森林卽因而破壞，土地也要用最浪費的方法去使用，加以適當的農具不够，也是當時的農業不能採用科學的農作法之一因。土著的農具，就是原始時代幾種的工具，毫無進步，如粗重木製的鋤、耙子、鍬等等，就是當時最主重的農具，而去殼的方法，不是用馬踏，就是用手打。

當考察殖民時代的經濟情況時，尤須有地方的考察。因爲地質和氣候及土地所有關係等等的不同，而其所發展的農業情形，也不一樣。

如新英格蘭地方，因其土地不良，氣候嚴寒，所以有許多人轉而經營農業以外的職業，及至革命後，其農業人口雖仍舊很多；然其大部分都是自耕農，都是以自給自足爲主要目的，而從事於多面的小經營。其農產品，則有穀物、乾草、馬鈴薯等物，而尤以玉蜀黍爲最重要，都是把它當做貨物、通貨及貿易商品去利用。

把玉蜀黍當做通貨用的時候，可與殖民地鑄幣的一定量相比，例如一六四一年的時候，一斗(bushel)，玉蜀黍卽可當做羅德島的法幣四先令(shilling)。(註二)

至若美洲中部地方，土地卻比較豐饒，氣候也比較溫煖，其農產物略與歐洲的農產物相類似。然除保存大地主制度的哈得孫河流域以外，其餘的地方也和新英格蘭相同，大都是自給自足的自耕農，而從事於多面的小經營。這中部地方的土壤及氣候，最宜於種植小麥、大麥及燕麥等物，因之穀物成了當地的主要農產品，而有「麵包殖民地」(Bread colonies)之稱。所以在十八世紀的時候，新英格蘭的輸出，是以木料和船舶用品及魚類爲主，而紐約及賓夕法尼亞的輸出，則爲小麥和小麥粉及其他食料品。

在南部地方，也有小經營的農場；不過要比北部強大些，尤其是有許多大農業殖民團(plantation)的存在。自一六一二年都知道南部便於栽培煙草及煙草在歐洲市場的地位以來，如弗基尼阿、卡羅來納、及馬利蘭等地，便逐漸轉向於煙草的生產，乃至於以煙草爲殖民地最代表的輸出品，而成爲南部農業的中樞。從此巨額的財富，便很快的歸到煙草栽培業者之手，而在此業中的富有者，又依政治機構的統制力，不斷的增大其所有地。除煙草以外，米與藍在宜於栽培的地方（如南卡羅來拉，）也成爲代表的農產物。既然在這南部有豐饒的土地，有在海外有好市場的主要農產物，於是從粗蠻農作法的發展中，而達於有採用(plantation)制度之必要。由此可知南部的農業，是特別帶有商品生產性，既有商品生產性，所以需要低廉勞動力的供給。

（註一）Carrier, The Beginnings of Agriculture in America, 1923, p. 41.

（註二）Lippincott and Tucker, p. 67.

第三節　工業

整個殖民時代的工業，大部分都還沒有脫離手工業的範圍，其主要目的，只在基於自給自足的經濟，以充實家庭及地方的需要。這種工業可說還停留在自給自足的產業中，或者可說剛踏出這一步。因爲當時的工業，除了資本與熟練工的不足可爲重要的障礙之外，他如人口稀薄，通貨不充足，運輸機關不完備，技術不良，市場缺乏等等，都是當時的工業不能大發展的許多原因。固然英國對於殖民地的工業政策，也能影響到當時殖民地工業的發展；可是束縛其發展的，還有其他的環境與機會。申言之，即如上述使工業發展的條件與環境既不充足，這就是要它發展的機會還沒有到來。

所以當時的農產物，大都以之與海外的工業品相交換，沒有大量的製造它之必要。這可說是家內經濟居於社會經濟之上，指導了工業生產的方向。

在這情形之下，首先發達的工業，便是爲移居人衣物之用的纖維工業，而其主要工作者，就是家庭中的婦女及兒童。如今日所有限制勞動的手段，在當時是完全沒有的。當時最重要而且是基本的家庭勞動工具，就是紡車及織機台，所有粗惡的毛織布及亞麻布，都是由各家庭紡織的。因爲原料雖稱豐富，而其價格並不低廉，且在製造中所用的勞力也很大；移居人爲着自己的急需，所以只有靠他自己去生產。其生產時所使用的原料，亞麻比羊毛較為普遍，棉花是由西印度輸入而來，在整個的殖民時代，卻很少有人使用。因為在惠特尼發明(Eli Whitney)(一七九三年)軋花機以前，要從棉花中除掉棉子，確是極困難的事件，所以殖民時代之使用亞麻為最重要的紡織原料，正與今日之使用棉花相同，都是非常普遍的。當時的衣服大部分都是用這亞麻或大麻及羊毛交織而成，因此，有的殖民地是強制的栽種亞麻及大麻；其他的地方，都是獎勵人民去栽種。

於是在家庭中的婦女，即紡織衣物，或料理儲食；而男子則於農事餘暇，大都製造自己的工具，如皮革、鍊冶、釀造、肥皂及蠟燭等是。他們的家庭工業，在這殖民時代中繼續進行，便逐漸形成了小規模的工場；但就大體而論，革命前殖民地的製造工業，還是不能與當時的歐洲各國相並稱。

關於重量很大的瓦器，易於破損的磁器，以及玻璃等物，因其輸送困難，所以移居人要努力製造，供其需要，好在製造這些物品，只要小規模的設備，並不需要大資本，所以這種工業，在任何殖民地都發達。他若食料品的工業，則逐漸建立了磨粉廠；又如北部地方，則當十八世紀之初，造出了海貍毛的皮帽；不過這幾種工業，是屬於殖民時代後期的發展；而移居人在開始最努力的建設，卻是卽時能獲最大報酬的林木工業和漁業及製鐵業。

林產財源在任何殖民地，都是無盡藏的存在着，而且在歐洲確有很好的市場，所以當殖民時代之初，都有很大的發展，而尤以北部爲更甚。因爲製材工業（當時的木料，特別是爲製造砂糖桶，供給西印度諸島之用）是以無盡藏的木料爲背景的，如新英格蘭的造船工業，非常發展，卽可想見。就一七五五年英國船舶噸數來說，其三分之一，就是在美洲製成的。此外，關於船舶用品（如黑油、松脂、瀝青、桅竿、帆架等）的製造也很重要。從來英國是由瑞典輸入這些用品，若依重商主義的原理，英國確有領有這些物品原產地之必要，所以由法律規定莫大的獎勵金來助長這些物品的生產。他如碱的生產，因有漂白、製造肥皂及肥料等用途，也爲英國所需要。

魚類在一切河川及大西洋沿岸各地都是存在的，而尤以長島與紐芬蘭之間的海洋內面爲最豐富。其主要的捕獲物，如鱈、鯡、鰯、鯨（但捕鯨業是到了十八世紀纔開始，其後經一世紀半，爲重要漁業之一）等是。漁業的發達，特別是新英格蘭，其在一七六五年的年產額，竟超過二十五萬五千鎊。其需要的地方，有西印度諸島及歐洲諸國——尤其是舊教各國。所有魚類的低級品，多充西印度諸島奴隸的食料其高級品，則充舊教徒某一特定日不食肉的食料，確有很大的需要。所以新英格蘭的漁業，老早就很發達，而成為整個殖民時代最有利的產業。

此外，殖民時代所發掘的金屬，則有鐵、銅、鉛等物。就鐵來說，如沼鐵或鐵鑛，在事實上，凡在殖民地中都能够發見出來。而在各種鑛業中發達最早的，就是製鐵業，因為釘、廚房用具、銃器及其他輸入鐵製品，價格甚高，促令自己不能不製造，同時又因鎔鐵燃料的木材非常豐富，便於製造，所以製鐵業便老早發達起來。在十七世紀中，是以馬薩諸塞為製鐵業的中心地；隨後因在羅德島及科內提卡特發見了大量的鐵鑛，又把製鐵業的中心移到這兩個地方來；及至十八世紀，大規模的製鐵業，便開始出現於紐約、紐佳錫、賓夕法尼亞各地。

當考察當時殖民地工業發展的傾向時，最後還要注意到英國政府對於殖民地產業的統制。當時英國政府的態度，是在有利於本國實業的意義之下去助長殖民地的實業，為要達其目的，纔促成殖民地的造船業、製鐵業、以及船舶用品製造業，並規定只許這些特定品移入於英國；若從殖民地移入其他物品，則一律拒絕。

最重要的航海條令制定以前（一六六〇年前，）移居人還可以用新大陸的原料交換荷蘭的許多製造工業品但依此命令禁止對荷貿易以後所有船舶和船舶用品及其他家庭用的製造品，便完全不能由荷蘭輸入過來；加以新英格蘭的魚類及其他北部殖民地的穀物並種種產物，又不能在英國得着對價的待遇，所以一方面要助長新英格蘭製造船舶及船舶用品，他方而又要促進其餘北部殖民地製造種種家庭用品。反之，在南部殖民地則不然，因其有與英國製造工業品能夠直相交換的主要產物，自然不需要製造種種家庭用品。所以站在製造工業的立場來看，正好以婆陀馬克河流(Potomac)爲界，顯然現出南北不同的對照。

此後，因有其他工業在殖民地發達起來，於是引起了英國製造業者的反抗，至於以種種的法律來阻止或限制其發達。舉其明顯的實例來看，如：

（一）一六〇九年的法律，對於殖民地的羊毛及羊毛製品禁止其輸入，因之殖民地的羊毛工業，即不得不變爲僅供家庭或地方需要的家庭用品工業。

（二）一七三二年的法律，與前例相同，令殖民地的製帽工業純爲地方的生產，不得從此一殖民地輸到另一殖民地，或從殖民地輸到英國或歐洲。

（三）一七五〇年對於鐵製品生產，更加以絕對的禁止。爲着保護本國的製鐵業，便禁止殖民地設置切斷工場、壓長工場、薄板工場及製鋼爐；如有人違反，卽處以二百鎊的罰金。但同時對於銑鐵的生產，卻用免除關稅的方法而加以獎勵。

在他方面，英國政府又對本國的熟鍊工禁止其移居，並對機械器具原料等物禁止其輸出，以致間接的阻礙了殖民地製造工業的發達。但同時對於本國所必需的船舶用品，卻認爲特定品，給以製造的補助費，而獎勵其生產。

他若殖民地的立法精神，也在極力統制實業，例如麻類這種特定的必需品，則迫令移居人必須生產；此外，還有其他特定品，卻要交附補助金，以助長其生產，如索具及亞麻絲的生產，卽其著例。其餘，還要注意的，就是任何殖民地都要對於輸入及輸出課加稅收；不過這種課稅，卻出於財政收入與抑制奢侈或報酬手段等目的，因此。當時的關稅對於殖民地的產業，尚非可以左右其發展的重要原因。

第四節　勞動狀態

殖民地農業及工業的發達，大都因爲勞動力的缺乏（這是凡一新闢地方所不能免的現象）而大受其阻礙。尤其是新英格蘭及中部的小經營農業，都是依靠全家勞動者的辛苦而經營的；至於南部所行的 plantation 制度之大經營農業，也因勞動力的不足，更成爲極迫切的問題。所以不惜用種種方法，來解決這個問題。

（一）獨立的自營者。

新英格蘭及中部地方，因爲勞動力的欠缺，簡直把怠惰當做犯罪看待。就是富裕階級，也要因怠惰而不能存在，如南部的幾個農場主及新英格蘭的商人貴族，即因成了怠惰的富裕階級而失敗的。至若獨立自營者，則更須勤勞，其在建立家屋或堆房時，一般的習慣都是相互的交換勞動力而爲之；不過這種任意的協助，是沒有拘束性的，所以當收獲及其他必要時，這種協同的扶助，即可受法律的強制。新英格蘭及中部的勞動力，其主要泉源，就是在這協同狀態之中，由移居入自己提供的。

（二）幫工

人口增加都市長成以後，隨而發生了被雇的木匠石工等幫工階級。可是這種工人的數量卻不多。其不多的原因，即由於自由土地有剩餘，工作的收益又很大，往往可以使他們轉為小規模的農業者，不能讓他們成為永久的被雇人。並且這種工人，有許多為尋求工作的關係，在各處輾轉奔走，而成為放浪的旅工。

（三）定期僕役

當時殖民地（尤其在南部）的農業經營者，都很需要許多可供驅使的不自由勞動者。這種不自由的勞動者，在當時美洲地方有兩種，一種就是定期的僕役；一種就是奴隸。定期的僕役，是依年期契約書狀（indenture）以規定其勞務關係；但在事實上當時當僕役的，並非皆依契約，多有由習慣而成的。因此又可把它分為兩種，一種是任意的，一種是非任意的。前者就是從貧窮蔓延的歐洲（尤其是英德）來到新大陸求生路而又無力購買船票的人們，不得不由船主或移民經營者代付船費渡航而來，因之定一期間（普通爲四五年之間）令其服移居地的勞務，以爲船費的代價；或者是由船主或移民經營者把他們賣到南部的農業經營者（通常是賣的多）。這樣航渡而來的僕役，在十七世紀，都是來自英國，在十八世紀，則多來自德國。

後一種非任意的僕役，則由下列種種來源而成，如從英國都市拐來的兒童，從船中誘來的亂酒人，以及觸犯當時刑法（適用範圍很廣的）的負債人浮浪人或輕微犯罪人等是。此外還有稱爲「陛下的七年渡航人」(Majesty's Seven Years Passengers)這種犯罪人（因爲刑期是七年）成爲定期僕役而來的，自一七一七年到一七七五年，共達五萬之多。

這種定期僕役，於期限完結以後，即可收受自由報酬。這種報酬，不外於衣服、斧一雙、鋤二雙、一年食用的玉蜀黍等，或與此相等的金額，有時或給以五十英畝的土地。但是他們的雇傭狀態，卻極惡劣而近於奴隸，所有結婚及營業等事，都是要得主人許可的。不過他們的定期役屆滿後，即與一般自由民無大區別。這是要特別註明的要點。並且他們在定期中也學到了美洲特有的農作法；就是從德國移來的，也能練習當地的語言。

由這種制度而成的僕役，據昆孟志的計算（註）註恐怕要達殖民時代移居人總額的半數，直到十八世紀奴隸勞動制接代爲止，這種僕役確在賓夕法尼亞、馬利蘭、弗基尼阿等地爲供給勞動力的最大部分。

（四）奴隸

土著的印第安人，不僅在西班牙的殖民地是奴隸化；即在英屬殖民地如弗基尼阿及新英格蘭等地，也是一樣。不過他們寧肯餓死，而不願作奴隸式的勞動者。所以在十七世紀，主要的勞動，就要靠前述定期僕役的白種人。而這種勞動，也不過是暫時的過渡；及至十八世紀，即開始輸入了多數的黑奴。關於奴隸的買賣，最初是由西班牙葡萄牙兩國人經營的；以後纔由荷蘭人及英國人去經營。原來在開發哲姆斯敦約一世紀以前，西印度諸島即已使用了黑人奴隸，英屬大陸殖民地當然也要使用，所以以後便由非洲直接運來的黑奴，大受歡迎。就販運黑奴的起源說，當以一六一九年由荷蘭商人運至哲姆斯敦爲嚆矢，其後陸續販運，大爲增加。及至一六九四年認清了可以栽種穀米的時候，便建立了奴隸制度在經濟上的基礎，從此黑奴自然會要很快地增加起來；又至一七四五年經營種藍的時候，其增加的速度較前更大。總計殖民地的黑奴人口，在一七一四年，共約五萬九千八；而在一七九〇年（第一次的國勢調查）實已增至六十九萬八千之多了（其在弗基尼阿的約二十九萬三千，在南北卡羅來納及馬利蘭的各約十萬。）有了這大量勞動力的供給，便成就了殖民地（尤其是南部）農業的發展；假設沒有這奴隸制度及上述的定期僕役制度，恐怕南部的發展無此迅速；甚至於要轉移其發展的方向也難說。

可是奴隸的輸入，以後又漸因許多原因而歸於停滯。如在南卡羅來納及弗基尼阿一小部分的地方，因奴隸蜂起的威脅，即希望阻止其輸入，又如紐約的貿易商人，因難維持黑奴的價格，亦希望限制其輸入。此外，又有從道德上的考慮，甚至於反對奴隸的買賣。但是殖民地對於奴隸貿易的統制政策，終為英國政府所拒絕。因為有這種拒絕，便違反了殖民地的希望，刺戟了殖民地的人心，而至於構成了殖民人懷恨本國的一個因素。

（註）I. R. Commons, History of Labor in U. S. 1918.

第五節　商業與英國的殖民政策

在初期的殖民地中，能够成立商業關係的餘地很狹小，都受很大的限制，所以許多移居地域的大部分，都構成了自給自足的經濟單位。儘管殖民地可以苛酷的使用勞動力；而許多移居人還是不容易維持自己的生活，還是要營求自己的必需品，所以很少有剩餘生產物去賣給他人。即於家族享受之外倘有餘裕，也有不便貿易的兩種困難。第一種困難，即在對內關係上，因為殖民人彼此的生產物，都是屬於同種同類，所以很難投到國內市場；第二種困難，即由於未開發的土地上，深感交通的不便。

在這些困難上所得的結論，就是認清了當時的商業上，所有毛皮、煙草、魚類、木料等物，確占非常重要的地位，深感內地商業不及對外貿易的重要。申言之，即各殖民地相互間的交易，在整個殖民時代，都是難於逐漸增加其數量（就金額說，整個殖民時代的對內貿易，較之同時對於英國及西印度諸島的貿易額，相差太遠）；可是同時對於英國本地的貿易，因有氣候與財源以及經濟發展程度較高的種種關係，卻能即時滋長起來。由此看來，可知殖民地依着大西洋的對外貿易，在整個殖民時代中，都是比較國內交易具有廣大而且直接的重要性。

茲爲便利計，分爲對內商業與對外商業兩大類，分別考察於下。

（一）對內交易

殖民地的對內交易，在整個殖民地時代都沒有重要性的情形，已如上述。不過這種情形，也看輸送手段如何，而時有消長。

道路沒有開設完備，確於陸路交易上感受極大的困難。在殖民地內地的道路，主要的還是舊日印第安的道路，不僅通行不便，而且運費也高；支出了高額的運費還能保證生產者或商人得到利潤的那種商品，簡直是鳳毛麟角。例如菲列得爾菲亞的毛皮業者，其由山路運出的商品，便要附加商品價格百分之二十到三十的輸送費。（註一）至於靠近海岸的地方，卻稍有不同，都有人口比較稠密的都市，可爲銷納商品的市場。例如波士頓、紐坡特（Newport）博羅威頓士（Providence）紐約、菲列得爾菲亞、査爾茲吞（Charleston）巴爾的摩爾（Baltimore）等地，都有相當的市場可以運用。不過這些地方的買賣，都不是以鄰地爲目的，而是以海外貿易爲對象。

陸路運送既有那樣困難，比較起來，自然不及水路運送的便利，所以利用河川的運輸，便成了國內交易的命脈。當時除了密西西比河及聖勞楞斯河沒有重要作用之外；如哈得孫河、德拉瓦河(Delaware)薩斯圭罕那河、(Susquehanna)、婆陀馬克河等河流，都是主要的水道，在其河口上都發生了商業都市。此外，沿海殖民地彼此的交易，自然海路的用處很大，所以沿岸交易，更加重要。這沿岸交易，雖不及對於歐洲或西印度諸島直接貿易的利益；但就一七六九年沿岸交易的利額看來，卻在殖民地交易的各部分之中，占最高的地位。

這沿海交易，具有三種形式，即（一）外國輸入品的分配；（二）本地輸出品集中於船舶；（三）殖民地內部此地域與他地域的交換商品。不過就一般的說，彼此都有連繫的關係。至於說到當時沿海交易的實際情形，例如新英格蘭的牛油、醃肉、蘋果汁、魚類、火酒等物，輸出於中部及南部的殖民地；又如從拆撒比克(Chesapeake)地域把小麥及小麥粉輸送於新英格蘭諸島及南部農場之後，再把南部的煙草與穀米及海產物運回於北方殖民地；又如中部各州的生鐵運到新英格蘭加工製造之後，再輸出於南部沿海地方。此外，北方諸州的漁夫，多在冬季利用漁場閉鎖期間，用小船裝載各種的雜貨，出售於南部各州。

考察殖民地的對內交易時，還有一個買賣是不能忽視的。這個買賣，就是對於印第安的毛皮交易，可說在整個殖民時代中都是最重要的邊境實業。原來在新大陸棲息的海狸、川獺、黑狐等貴重的毛皮獸極多，印第安人大都捕獲這些毛皮獸之後，去與毛布、汗衫、斧頭、鐵壺、玻璃及其他製造工業品相交換（但禁止與銃器、火藥、火酒相交換，大受印第安人的反對。）這種交易在十七世紀時，成了新英格蘭的中心，以後纔逐漸轉向到漁業方面。至十八世紀時，這種交易又轉爲哈德孫河口的紐約的中心。因爲用詐欺的種種方法與無知識的印第安人交易毛皮，是極有利的買賣，所以當時來到新大陸的各國人民，往往引起了勢力的爭執，如一六四〇年至一六六〇年之間，英人屢與荷蘭人瑞典人發生爭執以後，繼而越過阿利根尼山脈（Allegheny）進出於俄亥俄（Ohio）地方，又與法人相爭執，而成爲以後英法戰爭的一個直接原因。

（二）對外貿易

在美洲殖民地的貿易中最爲重要的，就是對外貿易。

但在十七世紀的時候，對於大西洋的貿易額，卻比較的少，其額少的原因，就是由於殖民人都要汲汲於樹立自己的生計或是建立自己的家宅，或是營求自己的必需品，所以無力向外貿易。而其最大的原因尤在一六四〇年至一六六〇年之間英國因其内亂而停止了與殖民地相貿易。不過當時尚有新英格蘭輸出毛皮、木料、魚類等物於英國，輸出魚類及穀物等於西印度諸島與荷蘭及南歐諸國，其所要交换的物品，就是從英國及荷蘭輸入羊毛和鐵及其他製造工業品；從西印度諸島輸入砂糖、蜜、銀等物；從加那列諸島（Canary Is.）輸入葡萄酒。他如中部殖民地的對外貿易，完全和新英格蘭相同，都是向同一的市場輸出毛皮、穀物、肉類、木料等物，其所要交换的物品，也和新英格蘭一樣。至於南部殖民地的對外貿易，則駕於新英格蘭及中部殖民之上，如弗基民阿和馬利蘭則向英國及荷蘭輸出煙草、毛皮及穀物，而輸入其衣物、種子、葡萄酒及其他製造工業品；如南北卡羅來納，則輸出生皮及毛皮於英國，輸出玉蜀黍和家畜及木料於西印度諸島（當時，佐治亞尚未開發。）關於全部殖民地對外貿易的總額，雖因當時（十七世紀末卽一七〇〇年）尚無精確統計，不大明白；但就一七〇〇年對於英國本地的貿易總額看來，在其輸出方面已達三九五千鎊；而其輸入方面則已達三四〇千鎊。（註二）

及至十八世紀時，因實業開發的進步，大西洋貿易的增加，以致貿易的性質起了若干的變動。如新英格蘭方面，則減少了毛皮的輸出，而代以興起的捕鯨業，並且製造火酒，也成了有利的產業。又如中部殖民地方面，則增加了穀物和肉類及其他食料品的輸出，穀物大部分是輸出於西班牙葡萄牙兩國，其他的食品是輸出於西印度諸島。又如南殖民地方面的輸出，依然以煙草爲主，不過重新添加了米和藍及船舶用品等物。

一七六三年，新英格蘭的輸出額，約半數以上是海產物；中部殖民地的輸出額，約四分之三是小麥、麵粉、餅乾等物；弗基尼阿與馬利蘭爲輸出額，約四分之三以上是煙草（註三）。及至一七七〇年殖民地的輸出總額，則達三、四三八千鎊，煙草的輸出額即占其十分之四（九分之八以上是輸出於英國）。（註四）

殖民地商業發展的情形，已約如上述；然就英國政府及英國商人的見地來說，原來對於大陸殖民地的看待，不及重視西印度諸島，對於新英格蘭的看待也不及重視西印度諸島。這種看待，即由於十八世紀中葉，英國認定殖民地的主要價值，就在原料品及熱帶食料品（尤其是砂糖）的供給，根據這種標準，所以對於特別產米和藍及煙草等物的南部（尤其是對於特別產酒和蜜及砂糖等物的西印度諸島）的重視，當然要高於北方殖民地，由此看來可知當時重商主義的政策，就是要以殖民地爲原料的供給地。茲就美洲各殖民地對英輸出貿易的各種數字列表如下，即可明瞭南部殖民地的重要。（註五）

（單位鎊）

	一六九七年	一七二五年	一七五〇年	一七七五年
新英格蘭	二六、二八二	七二、〇二一	四八、四五五	一一六、五八八
紐約	一〇、〇〇〇	二四、九七六	二五、六三二	一八七、〇一八
賓夕法尼亞	三、三四五	一一、九八一	二八、一九一	一七五、九六二
弗基尼阿及馬利蘭	二二七、七五六	二一四、七三〇	五〇八、九三九	七五八、三五六
卡羅來納	一二、三七四	九一、九四二	一九一、六〇七	五九七、三四九
佐治亞	—	—	一、九四二	一〇三、四七七
合計	二七〇、八五二	四一五、六五〇	八一四、七六六	一、九二〇、七五〇

依右表看來，是以煙草輸出爲主的弗基尼阿及馬利蘭占主位，在一六九七年簡直占了大部分。卡羅來納在初是比新英格蘭少；可是米及藍的輸出卻占了第二位，至一七七五年，則將弗基尼阿及馬利蘭一併壓倒了。

但是到了一七四五年以後，英國逐漸由農產國進到工業國來了，因而英國對於殖民地的評價態度，自然也要逐漸的變更，轉而側重於本國製造工業品的市場性。從這見地來說，西印度諸島在其大分部人口由奴隸而成，且人口增加率降低的情形之下，它的價值當然要低於大陸殖民地；又依氣候關係來說，北部殖民地，因其足爲英國主要產業的羊毛工業品的市場，自然要擡高它的價值。

就當時各殖民地對英貿易的比額來看，如下表所載，即表示北部地方有異常的入超，南部地方有很少的出超，而西印度諸島則有巨額的出超。（註六）

對英貿易（一七七〇年）

殖民地	向英國輸出	從英國輸入
賓夕法尼亞以北北方殖民地	一七八	一、四一〇
南方殖民地	九三二	八三九
西印度諸島	二、三五〇	八九七
計	三、四六〇	三、一四六

（單位千磅）

北部地方這樣大的入超，如何得能抵償呢？要說明這個疑問，只有兩點，一即靠秘密貿易所獲得的利潤；二即靠買賣奴隸所獲得的大利。

當時買賣奴隸的貿易，叫做「三角貿易」(Three-Cornered Trade)，即由新英格蘭與非洲及西印度諸島所結成的三角點，來從事於奴隸的買賣。這種貿易，是由英國及新英格蘭的船主參加了奴隸買賣之後，所發生的一個重要貿易的形態。

就這種貿易的實際情形說，即新英格蘭利用西印度的糖和蜜爲原料，造成了火酒，將這火酒或其他食料品載在船中，航行於非洲的黃金海岸(Gold Coast)，拿火酒去交換當地的奴隸及黃金。於是這歸船載着奴隸，從非洲到西印度，將奴隸賣於當地的砂糖公司，又以其賣得的價金一部分，購入糖與蜜，其剩餘的一部分便與非洲運來的黃金一同運回於新英格蘭。所以這蜜和糖便成了下次購買奴隸，取得黃金及通貨的一種原料。並且以之向英國作支付之用，也是可能的。

關於上列各殖民地對英貿易的比額，波卡爾有一個說明，即「若於輸入額合計中附加奴隸輸入額二〇〇千鎊，再把運費和手數費及其他費用等等見不着的項目加算上去，或可樹立正確的平均數。因爲見不着的項目要比較的多，所以英國的資本終歸要在殖民地慢慢的投去。」

這種奴隸貿易，在英國本地看來也是重要的。因爲當時美洲殖民地的南部，使用奴隸既不經濟，而且奴隸貿易盛行又有低落奴隸價格的危險性，所以儘管到了企圖停止輸入奴隸的時候；英國本地仍然要使這種企圖爲無效。

其次，當時的商業，是用的甚麼交換手段？也須加以考察。任何殖民地感覺煩惱的一個大問題：就是通貨不足。英國的鑄貨，原以法律禁止從本國輸出；卽令不禁止輸出，也因當時的貿易差額，在順從本國的關係上，恐怕也要從殖民地再把鑄貨拿回本國來。其結果，便令西班牙的貨幣挾其對於西印度諸島的貿易之勢，逐漸成了通行全殖民地的主要鑄貨，而當時對於西印度諸島的貿易，又是非常有利於美洲殖民地，在殖民地的發展上確有很大的貢獻。

爲着抵償對外貿易的差額，匯票也曾發生過重要作用；不過殖民地內部主要的支付方法，還是靠着物物交換或商品貨幣（Staple money）。如弗吉尼阿的煙草庫入證劵，即由殖民地政府認其爲貨幣，以後並公定煙草一鎊爲兩辨士。又如賓夕法尼亞及新英格蘭，也想用小麥來試行這同樣的制度；但終於沒有實現。

發行紙幣以爲通貨不足的對策，當然可以採用的。一六九〇年，馬薩諸塞會首先實行過；但不久即發生了僞造的弊端。此外，大多數的殖民地，也都發行過紙幣、信用票據、國庫證劵、以及土地銀行劵等，如賓夕法尼亞及其他若干殖民地之發行紙幣，尚屬比較的中庸；其他殖民地如羅德島，則因發行過大，而招有害的結果。

當考察殖民時代的商業時，還要顧到當時英國政府究竟是以如何態度，約束殖民地商業的發展？並且這種約束是否能够得到實效？因爲英國政府的殖民地政策，對於獨立革命的勃興，是有很大的影響的。

自十七世紀後半期到整個的十八世紀，英國都是極力倡導重商主義，尤其關於海運業及貿易差額，英國本地都是以國民的自給自足爲目標，其對於殖民地的看待只認爲補足本國的一個資助，所有對殖民地的政策都是趨於這一動向而活動。玆爲便於說明起見，可將英國當時的殖民政策，分爲下列各點：（一）對於海運業的統制；（二）對於殖民地貿易的統制。（三）對於殖民地實業的統制。其中第三點已在第三節略加說明了；現在只就一二兩點來考察。

（一）關於海運業的統制

英國政府對於海運業的統制，其唯一的根據就是一六五一年及一六六〇年的航海法令。在克倫威爾（Crowell）治下的一六五一年的航海法令，即稱爲克倫威爾法令，其最大目的，即在打破荷蘭在當時主宰一部分貿易的勢力，建設英國的海運業。其主要內容，即爲規定非洲及美洲的產物，只有本國（包含殖民地在內，以下相同）船主本國船長並乘船人要有過半數爲本國人的船舶，纔能輸入於英國及英屬殖民地；又從歐洲運到英國的財貨，也只有英船或其他由英國貨款造成的外國船，纔能輸入。但在英國建造商船以前，爲着必須利用荷蘭船的關係，這航海法令也不能夠全般的適用。此後一六六〇年的航海法令，更除了有航海的獨占意義之外，還企圖獨占殖民地的市場。因此，只有在海運業上面，加強一六五一年的法令的效力，規定船舶不僅要有本國國籍，還要出於本國的建造；並且乘員要有四分之三以上的本國人。這航海法令施行以後，對於新英格蘭的造船業，確有很大的促進力。

（二）對於殖民地貿易的統制

（１）關於由殖民地輸出的統制

上述一六六〇年的法令，除加強英國海運業的獨占之外，還要使英國成爲特定殖民地產物的集散地。根據這種目的，規定只能在英國輸出的各種物品，卽所謂「列舉品」(enumerated articles)。這列舉品，在上述法令中只有砂糖、煙草、棉花、藍、生姜、黃色染料及其他染料等七種；其後種類逐漸追加，於一七〇四年追加了船舶用品（油膠、大麻、帆柱料等），於一七〇六年追加了糖蜜與米；於一七二二年追加了銅鐵和海狸皮及其他毛皮；於一七六四年追加了棒鐵、銑鐵、鯨骨、皮革、木材、生絲、苛性加里、粗製炭酸加里（但對於米及砂糖的獨占，因其在殖民地的生產超過英國本地的消費能力很大，所以難於實行，而不能不和緩下去，終於一七三〇年及一七三九年先後規定此後的米及砂糖也可以用英國船輸出於菲尼斯特岬（Cape Finisterre）以南的歐洲。）及至一七七六年的列舉品類，簡直包括了殖民地產物的全部。不過其中也有許多品類（主要的是穀物、魚類、火酒）允許輸出於菲尼斯特岬以南的歐洲。

此外，又因保護英國的農業，使由英國關稅或初期穀物法的實施，以致禁止特定食品的輸入，如一六六〇年以後，新英格蘭的魚類、小麥、玉蜀黍、小麥粉、肉類等物，便很難向英國輸出了。

（2）關於向殖民地輸入的統制

上述輸出的限制，到十八世紀中葉為止，對於全體殖民地，還少悲慘的影響；反之，關於輸入限制的影響，卻比較重大。例如英國依據一六六三年的航海法令（通常稱為主要產物法令 Staple Act），除了漁業用鹽，來自馬得拉（Madeira）及亞速爾（Azore）諸島的葡萄酒，來自蘇格蘭及愛爾蘭的食料品之外，其他歐洲製品，只有用英國製造，而且是英國人的船舶從英國海港，纔可輸入於殖民地；否則，受其禁止。這法令，可說是比一六六〇年的航海法令更强化了，其目的，仍在使英國成爲主要商品的集散地，以獲得全歐製品向殖民地貿易的利潤。並且這法令對於由殖民地直接運到歐洲的列舉品以外的輸出也有限制的傾向，卽向歐洲輸出後回來的船舶，如果不在英國停泊，卽不能載貨直歸。

以後又依一七三三年的糖蜜法令(Molasses Act)，對於殖民地來自外國栽種的糖蜜、砂糖、火酒、課以禁止的輸入稅，以爲英屬西印度諸島砂糖業者的保護。這法令最值得非難之處，卽在實施以後，美洲殖民地與其他各國（法蘭西、荷蘭、西班牙、瑞典、丹麥）所領的西印度諸島極有利的貿易，勢必爲其破壞。因爲北部殖民地的產物，對於他國所領（尤其是法屬及荷屬）的西印度諸島有很大的需要；而且北部殖民地向來從英屬西印度諸島輸出的糖蜜，不過僅及糖蜜輸入總量百分之七，所以這法令一旦施行以後，勢必要破壞殖民地對他國所領的西印度之極有利的貿易。幸而在事實上，這法令自始卽等於廢紙，在一七六四年，其輸入關稅也是很低的。

上述各種限制法令，見諸嚴格的實施的時候，就在一六九六年至一七一五年之間，其後，更在貝爾哈姆這殖民地總督之下施行了「有益的怠慢」政策，於是祕密貿易盛行，一世所有當時殖民地商人，可說十分之九是以祕密貿易爲業的。在南部的殖民地，因與西印度貿易受禁止，所以與英國以外各國的通商也相當的盛行；又在獨立革命時立於最先鋒的新英格蘭，其與中部殖民的祕密貿易尤其盛行，如白蘭地酒等歐洲商品及茶、咖啡、香料等東印度商品，都祕密的向許多州中輸入過來了。假設沒有這祕密貿易的利潤，恐怕殖民地對於英國製品及由英國運來的歐洲製品之大宗輸入，無法抵償。因有這些情形，所以英國的種種限制法令，對於殖民地的經濟發展，終於不能得到如意的影響。

殖民地工業及商業的發展，就其全體而言，可說很少爲英國各種統制所左右。殖民地的經濟發展，是要在其環境的自然發展上邁進的。所以上述各種限制法令的影響，實不在經濟方面；反在促令發生獨立革命的政治方面。

(註一)Edward C. Kirkland, A History of American Economic Life, 1933, p.92.

(註二)Bogart, p. 153.

(註三)Bogart, p. 153.

(註四)Shannon, p. 33.

(註五)Lippincott and Tucher, p. 103.

(註六)Bogart, p. 153.

第四章　獨立革命之社會經濟的意義與其成果

第一節　原因

當考察美國獨立革命的原因時，首先要知道社會經濟的原因，是比政治的原因較爲重要，關於這一點，確爲一般美國經濟史家所公認。

所謂英法七年戰爭的結果，成立巴黎條約的時候（一七六三年）可說是開了獨立革命意義的端緒。這條約締結後，美洲新大陸的英國屬地便極端的膨脹起來。原有的十三州不過是非組織的屬於英帝國之一小部分。英國對於這種散漫的殖民地，不僅認爲行政上有比前更密切的統制與統一之必要；而且爲着防禦敵對的法國及西班牙的侵略，也有那樣密切的統制與統一之必要。並且認爲七年戰爭後，對於由此戰爭得着利益的移居人，令其負擔戰費一部分，也是合理的，因此，英國政府便採用了較前更強的殖民地租稅政策。但在以前約一世紀半，殖民地無論在其規模方面，勢力方面，或經濟發展方面，都已逐漸伸張；並且還能享有許多的自治權。在這「賢明的怠慢」政策之下，殖民地不僅學得了方法，逃避通商方面的限制法令；而且在最少的干涉之下得有鍊習的機會，處理其政治上的問題。所以到了一七六三年，英帝國的嚴密統制政策便已與時代相背謬。加以地理上的關係，殖民地與本國隔離太遠，不得不讓殖民地自行處理其事務，於是在英國殖民政策沒有企圖的範圍內，也得擁護殖民地本身的經濟利益。

可是一七六三年至一七六五年英國首相格楞維爾（Geo. Grenville）所行的殖民地政策，已足惹起確信建立自主地位的殖民地人充分的懷着敵對心。這種政策的具體表現，即英國政府根據英法七年戰爭的負債應當由殖民地分擔一部的理由，而出以徹底改革關稅行政，嚴密施行航海法令，制定新稅法，囘復援助令（Writs of Assistance）等等的行動。

在說明這種關稅行政及課稅問題之前，尤須先就當時殖民民極不滿意的兩種法令，一加考察。這兩種法令，一即一七六三年的宣告令（Proclamation Act），二即一七六四年的通貨法

(Currency Act)。就其內容而言，一即關於由法國獲得的新領域之處分及統治的問題，一即關於禁止殖民地發行紙幣的問題。

先就前一法令說，即英國政府因英法七年戰爭的結果，由這一七六三年的宣告令宣言法屬的魁北克(Quebec)及東西佛羅里達地方為英有，並將阿巴拉契安山(Appalachian)與密西西比河之間的領域作為印第安人的保留地(reservation)在這領域內的土地，殖民官不能有處分權，在這地域內的殖民者只有退出之一法。從此以後，便只能在海岸地方殖民，不能擴張於西方。本法令制定的目的，原在防止以後與印第安人相爭鬬，限制毛皮的交易（當時毛皮交易的大公司，為英國商人所組織，他們當然要反對在西方定居）並保持殖民地於海岸地方，以便於英國的統制，同時也可促進英國製品的消費。但是因本法令禁止向西方擴張的結果，對於弗基尼阿的先鋒殖民者及投機業者（尤其是土地投機業者），卻給與了很大的打擊。因為英法七年戰爭後，土地公司的數量與規模都有很快的增大，他們當然期望窩爾波爾(Walpole)治下的不干涉政策之復活；然而英國國王與議會對於新大陸的問題，卻要採此干涉政策，因此所引起的鬬爭，可說是必然的結果。獨立革命的主腳華盛頓（George Washington），即為一個土地投機業者這一點，確是值得注意的（關於這一論點，是參照賽門志的說明。）（註一）

其次，促令殖民地極懷不平的一個大問題，就是禁止紙幣的發行。如一七五一年英國議會決議禁止新英格蘭發行紙幣之後，又於一七六四年施行通貨法，而使禁令更加普遍化，乃至於禁止一切殖民地發行信用證券。本來當時一切的殖民地，都已發行多額的紙幣，除賓夕法尼亞之外，其他殖民地的紙幣價值，無不大為低落，因而凡與美洲通商的英國商人，無不大受損失，尤其當七年戰爭後，凡在戰時有多額輸出的英國商人，當然要在這價值極低的紙幣以外去求抵償。然在殖民地方面一般負債的人們看來，尤其在多年過着奢侈生活與冗費太多而致逐年對倫敦負債的煙草栽培業者看來，停止發行紙幣，卻是一個極大的打擊。

上述事件，固然足使當時殖民地的不滿；然而釀成殖民地不平不滿的最大問題，還有關於關稅行政及課稅的事件。當一七六三年格楞維爾為首相時，正當英法七年戰爭之後，英國的國債，從七千二百萬鎊，增加到一億四千萬鎊，英國人民在苦於重稅之下，正想修正殖民地的關稅法，增加收入，以圖補償遣駐殖民地一萬軍隊的費用。

於是在一七六四年制定了砂糖法令，以改正一七三三年的糖蜜法令，而使從英領以外的西印度諸島輸入到殖民地的關稅由一加侖六辨士低落到三辨士；可是以後又因「賢明的怠慢」政策而把難收實效的舊法認識了，而且要加以擴大以便於嚴密的施行。同時又由其他的立法禁止殖民地從外國輸入火酒和酒精及與法屬西印度諸島通商，並對藍、咖啡、葡萄酒、生絲、印花布及其他來自東印度和東洋的物品課以輸入稅，而且擴大了「列舉品」的種類。此外，又於他方面用種種施行細則，以圖嚴密施行以前許多的法令。

砂糖法令通過的時候，確引起了新英格蘭很大的震動，因爲這法令一經實施以後，則新英格蘭對於西印度極有利的貿易（這是新英格蘭繁榮的基礎，而且是向英國付款的來源）勢必破壞於一旦。尤其爲殖民地所苦惱的，就是依這法令的規定，砂糖稅須用現金完納這一點，一面既由一七六四年的通貨法不准殖民地發行紙幣，而一面又不准其和西印度貿易，以封鎖其獲得現金的唯一途徑。申言之，卽當西班牙通貨流入減縮，不能使用現金的時候，一方面因通貨法減少了紙幣的供給，而他方面又要強令用現金去納稅，因此所懷的不平與不滿，而至於醱酵起來，這是必然的。

其次又於一七六五年制定了印紙法令(Stamp Act)，從此對於成立票據、證劵、借貸證書、擔保證劵等法律行爲及對於律師與酒類販賣業者的認可時，都須由黏用印紙的方法而納稅；此外，並對於新聞紙、小册子、大學卒業證書等也須黏用印紙。如果違反了印紙法令的規定，卽施以苛酷的制裁。

這印紙法令，較之上述各種法令，更爲一般不平不滿的集中點。如砂糖法令，不過僅與新英格蘭的漁業者、造船業者、火酒釀造業者相關聯；如通貨法令，也不過僅對一部分人（債務人及煙草栽培業者）發生問題；又如宣告令之禁止向西方擴張，也不過約束了土地投機業者及邊境居住者的活動。但這印紙法所打擊的範圍，卻及於一切殖民地的任何階級。尤其對於印刷業者及律師等知識分子所給與的打擊，更是値得注意的問題。此外，還要注意的重要點，卽在印紙稅具有國內稅的性質，並且是一種新稅；不是像關稅久爲一般所慣行。由此可知印紙法令之所以引起激烈的

反對的，就是因其對於以後應時而生且非常擴大的國內課稅，在原則上已打開了一個普遍收括方法的緣故。（註二）

其次，又於一七六五年施行了宿營法令（Quartering Act）。為着維持殖民地的治安，所以這法令要規定英國派來的守備兵所需用的燈火、宿營、燃料等等，一概須由殖民地負擔。這也是增加殖民地不滿的一個因素。

殖民地有了這種種的不滿，便要採取暴動及種種激烈手段的形式，乃至於完全蔑視印紙法令，抗不遵行。在這情勢之下，英國國王及議會也不得不變更其政策。因為紐約、馬薩諸塞、賓夕法尼亞等地的商人反對砂糖法令，不買英國的商品，英國纔變更政策，與之成立停止輸出的協定，因而英國發生了經濟的衰勢，致令英國商人也要同殖民地一致作撤廢惡法的要求。竟於一七六六年，廢除了印紙法令。可是英國方面這種的讓步，是有限度的，試看英國政府在當時制定的宣告令中明言英國議會依然有權「拘束殖民地及英國國王治下的美洲臣民」，即可明瞭。

接着一七六六年廢除印紙法令的第二年，英國財政部長唐先德（Townshed）以增加收入爲本位，制定了新關稅法，對於輸入到殖民地的葡萄酒、油、玻璃、紙、鉛、繪具、茶等物，課以輸入稅；同時並極力整理關稅行政，以嚴禁種種的祕密貿易。可是由這新輸入稅項下收入的四萬鎊，都充了殖民官及法官的俸給。這新關稅法的稅率雖不甚高；但是課稅的目標，是在一般的消費品，因此，提高了生活費用，卻無可疑。所以驟於一七六五年第一次輸入停止協定的成功，又於一七六九年由九個殖民地的商人及人民不賣英國商品的策動，而成立第二次的輸入停止協定，再對英國商人施一個壓迫，畢竟撤廢了唐先德的關稅法。其結果，如左列一七六八年與一七六九年由英國輸出的比較表所載，雖對南部的輸出沒有變化；而對北部如新英格蘭及中部殖民地的輸出，卻減少了三分之一。（註三）

英國的輸出

	一七六八年	一七六九年
新英格蘭	四三〇、八〇七鎊	二二三、六九六鎊
紐約	四九〇、六七四	七五、九三一
賓夕法尼亞	四四一、八三〇	二〇四、九七九

北部(計)	一、三六三、三一一	五〇四、六〇六
馬利蘭及弗基尼阿	六六九、四二二	七一四、九四四
南北卡羅來納	三〇〇、九二五	三一七、〇八四
佐治亞	五六、五六二	五八、三四一
南部(計)	一、〇二六、九〇九	一、二〇〇、三六九

唐先德的關稅立法，對於殖民地確給了一個新的驚駭困苦而且迷惑的商人們，也曾與南部提攜，出以輸入停的方法或向國王請願或發反對小冊子；除此以外，還沒有出以急激的手段。到了亞當斯(Samuel Adams)、俄提斯(James Otis)、亨利(Patrick Henry)等煽動者主持反對運動以後，纔開始趨於暴動化(因爲亞當斯是權謀家，俄提斯是祕密貿易擁護者，亨利是在肯達基(Kentucky)有土地利權的人。)及至一七七〇年諾士(Lord North)爲英國首相的時候，遂將唐先德的關稅立法一概撤廢了；可是對於茶一鎊三辨士的輸入稅，爲着保留英國政府對於殖民地的課稅權，還仍舊存在。原來關於茶的交易，是認爲英國東印度公司的獨占事業，原則上，向來

是由這公司把所有的茶運到倫敦，完納一鎊一先令的輸入稅之後，估計殖民地所需要的數量，再由倫敦輸送出去。但是事實上，當時殖民地每年消費的一百萬鎊茶，約有九成是逃避英國課稅，直接從東洋和荷蘭秘密輸入過來的；惟因禁止秘密貿易的規定極嚴，所以又要課加一鎊三先令的輸入稅。在此情形之下，於是以素稱秘密貿易王之漢柯克(John Hancock)爲中心，於一七七三年十二月組織一波士頓茶會(Boston Tea Party)，開始對於英國所保護的東印度公司的茶船，舉行暴動，竟將裝載茶箱，投入波士頓海中。

英國政府對於這「茶會」的暴行，卽於翌年(一七七四年)春月，頒布了下列幾種強制法令：(一)波士頓沒有賠償茶的損失以前，封鎖波士頓海港；(二)撤銷馬薩諸塞的特許，以之直屬於國王；(三)馬薩諸塞的行政在英國政府管理之下行使軍事的支配；(四)恢復一七六五年的宿營法令。此外，又於同年將俄亥俄河以北的地域劃歸於魁北克(英國直轄殖民地，包含現在的加拿大)，更引起了各地的憤懣。

這些嚴格的法令施行後，的確對於殖民地的人心，給了極端的刺戟，就是向來保持中立態度的人們，至此也投到反抗軍的陣營中，一同實行獨立革命。

（註一）Simons, pp. 67—68.

（註二）Simons 對於這一點的解釋(pp.68—69)，是認爲印紙法令固然因其爲「無代表的課稅」而招人嫌惡；但是爲要以印紙稅的收入充殖民官薪俸開支之用，只好施行印紙法令。施行之後，殖民官向來所用的巧取方法，即無由施展，因而紙幣無由發行，支付猶預法 (Stay law) 亦無由制定。

（註三）Bogart, p. 213.

第二節　革命之進行

如上所述，可知獨立戰爭早已到了不可避免的時期，一七七四年由各殖民地（除佐治亞之外）的代表委員構成的第一次大陸會議 (Continental Congress)，便舉行於非列得爾非亞。由革命分子站在指導的地位，制定了有名的「權利宣言」。比這紙上的攻擊還要重要的，就是各委員約定英國議會的惡法一日不撤回，即一日停止與英國通商。這就叫做「大陸聯盟」(Continental Association)。在這會議中，出席委員全體一致議決：自一七七四年十二月一日起，英國物品，無論來自英國或其他各國，一概停止其輸入；並且對於來自西印度諸島的糖蜜、糖果、咖啡等物，以及無論由何國運來的東印度的茶，也一概不得輸入。其後又議決自一七七五年九月十日起，停止向英國及英屬西印度諸島的輸出（但是為要聯緊弗基尼阿及南卡羅來納，而將煙草和米除外）並議決自一七七五年十二月一日起，停止輸入奴隸。這些決議，除了佐治亞以外，其他各殖民地無不實行，實施這種不買的手段，當然比較一七五六年及一七六八年的輸入停止更激烈，而且為一般所遵守。從此以後，殖民地與英國的貿易便極端的減低，由左列統計表看來，即可明瞭。（註一）

	從英國來的輸入	向英國去的輸出
一七七四年	二、五九〇、四三七鎊	一、三七三、八四六鎊
一七七五年	一九六、一六二	一、九二〇、七五〇
一七七六年	五五、四一五	一〇三、九六四

輸入停止協定，以後也曾實施過，但是一七七四年四月六日的大陸會議，卻已決定開始與英國以外的其他各國通商，同時並宣告航海法令及其他通商法令，凡與美洲殖民地有關者，一概為無效。從此以後，殖民地也要統制對內關係與對外關係，所有英國過去行了一世紀半的重商主義

的統制政策便因之而破壞。及至一七七六年七月四日發表獨立宣言以後，殖民地的十三州，即自稱爲亞美利加合衆國（The United States of America）。在初勃發獨立革命的時候，只在主張英籍殖民者的權利；可是以後的宗旨卻另外展開了。就這獨立宣言的形式說，固然只是一個政治的文件；但在實際上，獨立革命的結果，卻具有極重要的社會性。

獨立宣言發佈以後，殖民者只有兩條路可走，不是走忠順英國的路道，就是走革命的路道，早已沒有中間的路道可通。可是忠於英國國王，卻又成了殖民地的背叛者。

原來獨立革命也有許多內亂的要素，生出了革命派與反革命派的鬪爭。在當時希望維持現狀的大商人、資本家、大地主、牧師、學者這些社會層的人們，都是忠於國王，反對革命的；反之，如負債的農業者、土地投機業者及北部中小商人的煽動者並其用爲背景的小農、勞動者、邊境居住者這些人們，都是向着革命的路道進行的。（註二）

這些革命派的人數，在獨立革命未成功以前，當然要少於反對革命派的人數；但是革命派的人們，都是非常的活動，非常的勇敢，而且是有目的意識的。他們在初對於反革命派，是用非常手段，作兇暴的排擊；以後是用立法的手段斷然剝奪其市民權，沒收其財產。

（註一）Bogart, p. 221.

（註二）Simons, p. 72. 對於這一點，指出種種的階級，即（一）殖民官與站在個人的政治的、經濟的種種特殊關係上的人們；（二）紐約及中部不作祕密貿易的商人；（三）殖民地的大地主；（四）英國國教派的牧師與其信奉者。

第三節　革命成功的原因

革命運動博得最後勝利的因素，可說多半由於革命派的果敢，不能僅歸功於少數革命者的努力。而且當時英國內部因政治的對立而使其行動遲延。加以歐洲各國對於英國的抗爭（尤其是對於法國殖民地的財政援助）尤足為革命勝利的重要原因。

英國政府的行動不靈，可以歸因於英國自由主義的進步黨之擡頭，這種情形，自荷威將軍(General William Howe)繼任該治將軍(General Gage)為司令官以後，在其行動上可以表現出來。荷威將軍對於擁護國王及貴族地主階級特權保守黨，是取着對抗的態度，他對於主張立憲政治、自由貿易、擴大議會權力正在得勢的進步黨，是有隸屬關係的，所以他對於獨立革命具有不少的同情，以致軍事行動非常緩慢，足令革命軍乘勢而興。賽門志說：「革命之所以成功，是由於英國的內亂……這個革命，是資本家階級顛覆封建主義取得權力的社會大變革之一部，」這確是富於暗示的一個說明。(註一)

而法蘭西、西班牙、荷蘭諸國之對於英國的抗爭，尤其是法國對於殖民地之財政的援助，也是革命勝利的有力的動因。自十七世紀中葉以來，英國即已逐漸駕凌法、西、荷諸國之上，執了建設殖民地的牛耳，這些國家對於英國的嫉視和對抗，可說是當然的，其對於英屬殖民地的革命之與以同情的援助，也是當然的。如一七七八年美法同盟成立，一七七九年法西同盟成立，以及一七八一年荷蘭對英宣戰，這都是促成獨立革命勝利的有力原因。所以夏龍說「如果沒有歐洲同盟的危險，則大不列顛恐怕要調錬更多的軍隊，有更多的時間而能征服各州也難說。」(註二)

而更具體的促令革命勝利的有力原因，則在法國對於殖民地之財政的援助。關於這一點，須就當時的財政問題(即所謂一三五百萬元的直接戰費將如何籌措的問題)述敍一下。

原來關於戰費的調度，就是大陸會議也認為徵收租稅的權限是沒有強制力的；而且獨立革命本身，就是以反對課稅爲重大根據，當然不能自相矛盾。惟其沒有用徵稅手段的意志，所以要在租稅上來調度戰費，不過僅就沒有義勇軍的各州所提出的分擔稅籌得一小部分。因爲英國的通貨法令一經解禁以後，大陸會議卽認淸了課稅爲一般所嫌惡的原因，不從稅租中想辦法，首先決定發行國庫劵作爲大陸通貨（Continental Currency）。自從大陸會議於一七七五年六月議決發行二百萬美元紙幣以後，直至一七七九年十一月二十九日爲止，一共允許發行紙幣至四十次之多，其發行總額共達二四一·五百萬美元以上，因此紙幣價值，遂極端低落，一元紙幣僅能當做三先令至二先令的現金價值。於是大陸會議遂限制紙幣的流通額爲二億美元，且於一七八〇年設立償還規定，以四十對一的比率換給新庫劵；但這新庫劵的價值還是低落，其與現金相較，仍爲五對一之比，而舊庫劵的價值，僅及現金價值二百分之一了。這償還規定施行以後，共約償還了一一九·四百萬美元；此後又於一七九〇年施行了基金法（Funding Act），以百分之一的比率，又償還了六百萬美元。連這大陸通貨再加上各個殖民地所發行的紙幣，其總額共達二〇九·五百萬美元以上（註三），以致雙方的價值，一倂歸於低落。

其次，調度戰費的方法，就是舉行國內外的借款。內債方面，主要的就是由摩利斯(Robert Morris)的努力，經過很大的困難，募集了約值現金價格共一一·五八五千美元（註四）。而外債方面，則於一七七六年，受到法國及西班牙少數的補助；又於翌年以後，每年都從法國借入相當的借款；及至一七八二年革命勝利有了保證的時候，也能借到荷蘭的債款。計自一七七七年至一七八三年之間，從法國借入六·三五二·五〇〇美元，從前荷蘭借入一·三〇四·〇〇〇美元，從西班牙借入一七四·〇一七美元，合計已達七·八三〇·五一七美元（註五）。舉了這樣多的外債，纔能調度戰費；假定沒有這些國家（尤其是法國）作金融的及軍事的援助，獨立革命不會成功，也未可知。

（註一）Simons, p. 70.

（註二）Shannon, p. 125.

（註三）Dewey, Financial History of the United States, 1934, 12 ed. p. 36.

（註四）Bogart, p. 226, Dewey, pp. 45—47, p. 56.

（註五）Dewey, p. 47.

第四節　獨立的成果

獨立革命的結果，是殖民地獨立。除此以外，還有許多社會的及經濟的獲得。如與英國分離以後，免役租自然要終止。又如沒收算王派的財產，達四千萬元以上，許多大地主的土地，都分爲數萬自耕小農場（註一）。更如限定繼承及長子繼承法的廢止，而使土地的獨占受得重大的打擊。

然就另一方面說，其於德謨克拉西的動向，並無若何進展。在獨立革命中各州所採用的憲法，對於自由主義者，勞動者，及鄉僻民衆的願望，都不與以滿足，如關於選舉所限定的財產資格，即其明證，因之大多數的成年男市民，都沒有選舉的資格。其結果，西部及一般的民衆雖然戰爭得到勝利；可是勝利的果實，都給與於有資力的人們了。

當獨立革命勃發於一七五四年的時候，各殖民地的指導者，接受英國政府的提案，開會於阿爾巴尼（Albany），爲着戰爭的順利起見，也會採用過法蘭克林（Benjamin Franklin）的聯合案；但是這次的會議，在英國政府看來，是認爲殖民地的自主性太強；而在各殖民地政府看來，則認爲一個中央會議的特權太大，所以都難容納，終於無結果而散。其後也想組成一個永久的聯合；但至一七七六年爲止還沒有成功。及至印紙法令會議，輸入停止協定，通信聯絡委員會(Committee of Correspondence)及第一次大陸會議開始活動以後，接着又開第二次大陸會議，直到一七八一年三月一日，纔組成了一個新的政治形態。在先一七七六年七月十二日的大陸會議中，雖然提出過各州聯合案，決議了聯合規約(Articles of Confederation)；但至一七八一年纔得到一切殖民地的批准，新政治形態，即立足於這聯合規約之上而出現。

然這聯合規約的力量，卻很薄弱，所謂「鞏固友誼而同盟」的各州，依然保持其「主權與自由及獨立」。中央權力，到了一七八七年至一七八九年的時候，纔依憲法而突然增大，而對於從來不信任的聯合規約，遂於一七八七年九月制定憲法以爲代替，終以多數通過而被採用。

原來這種制憲運動，是爲處在聯合規約之下財產受影響及經濟機會減少的人們所主持的。因爲他們又是國庫劵的持有者，他們當然希望建立有權直接徵收租稅的中央政府，而使價值低落的庫劵得能提高其市價；同時商人及造船業者又希望關稅制度簡單化，藉以排除州際貿易的障礙，並希望對於歐洲各國非善意的通商法令，制定法律以爲對抗；此外還有一般債權者，又極希望排除州政府發行法定紙幣的權限，並希望各州受破產法規的統制，所以這些人們各個爲着擁護自己的利益關係，都是盼望建立一個中央政府的。在這種種情勢之下，憲法會議的主動力，當然是保守主義者，所以終於制定了擁護其財產權的憲法。關於這一點，正如貝亞得所說：「憲法會議的代表委員，大都由深知聯合規約不利於己的實利家如州及大陸公債的持有者，放款得利者，商人，律師及土地投機業者等而成。出席的代表委員，半數以上，不屬於看準了新憲法制定後公債價格即可高漲的公債投資者，即屬於從事於此的投機者。他們都是從經驗中深知財產與政治的關係的」。（註二）即此可知這些保守的實利者，都是爲要達到擁護各個利權的願望而制憲，他們既然都要顧及自己的利權，當然很少顧到一般民衆的利益，其結果，徒令努力於獨立革命的大部分小農、勞動者、邊地居住者，正要實現德謨克拉西的時候，不幸爲資本家階級所阻礙，終於六年戰爭之後，還是實利家主動的勢力。但是另一反對勢力的聯邦反對派（Antifederalists），也有其努力的效果，他們對於當初憲法充滿了貴族主義的色彩，曾有猛烈的攻擊，終於一七九一年改正了十條條文，藉以補充分權的原則，這些改正了的條文便成爲今後防衞侵害個人自由的主力。

其次尙須就革命對於經濟情勢的影響，一加考察。如前所述，因濫發國庫券，以致國庫瀕於破產，這固然是事實；但就美洲的全體而言，還是相當的景氣，其自給自足的農業，卻很少受到戰亂的影響；而且因爲衣料的需要增大，羊毛的需要也增大，牧羊也盛行；又如輸出煙草於北歐，輸出穀米於地中海沿岸各國，依然顯著；加以工業的分野，斷絕了英國製品的輸入，引起了自給的必要，例如纖維工業，在北部則有羊毛布及麻布的大量生產，在南部則有棉布的大量生產；又關於製鐵業，則因脫離英國的約束，所有切斷工場、熔鋼爐、鑄物工場等，便繼續建立於馬薩諸塞、紐約、紐佳錫及賓夕法尼亞諸地；而在貿易方面，美洲的產物，則以荷屬聖猶士塔鐵亞島、法屬馬提尼克島、丹屬聖克羅亞島（St. Croix or Santa Cruz）及聖托馬斯島（St. Thomas）爲連接地，與歐洲製品大行交易。只有在漁業方面，因爲英國海運的活動，大受其打擊，幾至於消滅，因而西印度貿易亦被其破壞，砂糖與糖蜜的供給亦被其斷絕（此時，既然斷絕了以糖蜜爲原料的酒類，代之而興的，就是以玉蜀黍、麥、及其他穀物爲原料的酒類）。而由獨立革命所引起的經濟的苦惱，其中最顯著的，尤在貨幣方面，因爲戰時流入的英幣及法幣，均以紙幣低落之故而私藏起來，其後雖因和平到來及因大陸通貨的償還，而使金元重現於流通過程；可是對於英國輸入的奢侈品是要支付出去的，其結果，又痛感貨幣的不够，而引起市面的緊縮，於是一七八五年，遂不免發生了恐慌現象。

（註一）Shannon, p. 126.

（註二）Charles A. Beard and Mary R. Beard, Vol. I. p. 311.

第二編　西漸運動時代

第一章　西漸運動概觀——人口狀態

第一節　概說

英法戰爭的結果，英國獲得了達於密西西比河西方地域的全部，有了移殖人口到西方的機會；可是英國政府卻不願開發西方，曾於一七六三年發出布告，嚴禁分給中部分水嶺以西的土地。原來英國在支配殖民地的時代，英國政府，深恐與印第安人引起衝突，阻礙毛皮交易的獨占，並且顧慮到發展西部的結果，英國的支配力怕是不能及於廣漠的地域，所以不願人口移殖於西方。然而一紙法令，終難阻止實際上的趨勢，今之肯塔基及田納西（Tennessee）地方，便是當初屢經進出的西方地域及至獨立革命後，新政府纔積極的採取開發西部的政策，所有印第安人的妨害，自然的大障壁，以及交通的不便，便逐漸的克服，着着移殖人口於西方，從此美國的資本和勞力，亦逐漸離開通商及海運業，而轉向到西部的土地及東部的製造工業。於是一般的注意點，便從對外政策，轉向於國內的發展。這種轉向，在整個十九世紀中，可說是美國社會經濟史上的主潮，已開其經濟革命的端緒。

若從遠處着眼，則橫斷大西洋向着美洲移民的時候，即可視爲西漸運動頭一次的現象（因當初歐洲的境界是在大西洋海岸線）。自新英格蘭開闢以後，西漸的勢力，就沒有停止，因之人口移動的趨勢，總是節節向西方進行的。但是特別稱爲「西漸運動」的時候，還是指着獨立革命後達一世紀之久，越過阿利根尼山脈，作大規模的人口移動而言。這是具有特殊的歷史意義的。

西漸運動在美國社會經濟史上之根本的影響，就在西方能够開發的地方很多，西漸運動有充分的可能性，因而遇着生計緊迫的時候，即以移動之法度過難關，而使經濟的及社會的大問題，得有單純化的解決。此外，並因西漸運動的結果，而使東部西部及南部確立了地域上的分業；但就反面而言，卻因經濟利害關係的對立，又發生了種種的抗爭，終於政治上發生了地方分權制的問題。且當西漸運動的時候，並無任何特權或傳統關係存在，任何人都是在同一條件之下，遇着同樣的困難，靠着各個人的努力而進行，所以德謨克拉西的風習，極其濃厚。在西部地方這種民主主義的空氣，不久卽反映於東部，以至形成了美國政治的根基。關於這一點，另於國民性方面，當然也有重大的影響，舉凡由自由平等及個人主義的修養，在開發困難中所得到的許多成功的事例，都能使國民形成了實際的並進取的而且富於創造性的活躍性格。所謂「美國的德謨克拉西」，就是這樣形成的。至於美國新政府成立時（一七八九年）的國土，原以密西西比河以東爲限，其後又因收買和征服及條約等事由，竟於一八六○年以前，擴大其國土於太平洋沿岸。茲就其領土擴大的經過大要列表於左：（註）

地域	年代	事由	面積（單位千方里）
最初的十三州	一七八三		八九二、一三五
路易斯安那	一八○三	從法國購入（一千五百萬美元）	八二七、九八七

佛羅里達	一八一九	從西班牙買入（六百四十九萬美元）	七二、一〇一
德克薩斯	一八四五	併合（後支付十萬美元）	三八九、一六六
俄勒岡	一八四六	與英國協定	二八五、五四一
加利福尼亞及其他	一八四八	美墨戰爭結果取自墨西哥（支付了一千八百二十五萬美元）	五二九、一八九
亞利桑那南境	一八五三	加斯丁條約（買價十萬美元）	二九、六七〇
			計三、〇二六、七八九

國家獲得了領土之後，爲着處分其公有地，自有移歸居民所有之必要。關於這一點，聯邦政府在初所採的政策是以財政收入爲主要目的；以後的主要目的便在開發西部了。就其經過情形說，自一七八四年到一八二〇年之間，爲要減低租稅，償還公債，即須採用發賣公有地的政策，其目的既在財政的收入，所以一人名下最低的承買面積是比較的大，例如依一七八五年的規定，其地價爲一英畝一美元；而一人最低承買面積卻爲六四〇英畝。這樣大量的發賣，當然要使一般人民對於移居西方的行動遲遲不進，所以依傑發孫（Thomas Jefferson）的推算，假令密西西比以東的

地域要到全部居住的時候，恐怕要達千年之久。其後依一八〇〇年的規定，一人名下最低的面積爲三六〇或一六〇英畝，地價爲一英畝二美元，並特別允許償還年賦；不過最低的面積，還是過大。及至一八二〇以後，聯邦政府專爲發展西部起見，終於變更了以前發賣或給與的政策，規定一人最低面積爲八〇英畝（地價低落到一英畝爲美元一元五角）；復於一八三二年再減到一八四〇英畝，從此下去，便促進一般人民不得不移居於西部了。

西漸運動，皆如上述因獨立政府的領土擴張欲而發展，但除此以外，還可舉出許多的原因，如：（一）獨立革命後，接着東部各州發生了普遍化的不景氣；（二）在紙幣政策中債務者的苦境；（三）因革命及其他緣由而喪失了財產；（四）對於從軍革命的兵士交付了地劵（land scrip）；（五）因土地公司所發生的土地投機；（六）因許多投機業者及冒險家的投機心或冒險心而形成了西漸的潮流。

這西漸運動，因經濟狀況的好壞，而呈波動的現象，在經濟狀況不好的時候，就活動起來，在好的時候，卽歸於停滯，終於激成一個大主潮，向前不斷的湧進。加以一般商人及旅行者宣傳阿利根尼山之西具有無盡藏的財富，及其土地之肥沃與豐富，尤足誘惑富於貯蓄心的人民，而令其西進。他如道路的開設，汽船的駛行，以及運河與鐵道的建設，在在足以促成西漸運動的擴大，自不待言。

（註）Bogart, p.756.

第二節　西漸運動的人口考察

西漸運動的發展形式，大概可以分爲三個階段。第一階段，是移居的先驅者開闢了荒涼的土地；第二階段，是一般人民繼續的移居；第三階段，就是資本家的侵入。這種發展形式，對於經濟發展中所發生的各個系統，確有互相配合的關係；並且爲資本家打開了安全投資的大道。惟就西漸運動的概況而言，其於一八〇〇年以後約二十年間，是向密西西比平原及俄亥俄平原移動；一八二〇年以後約二十年間，是向西南部栽種棉花的地帶移動；及至一八四〇年以後約二十年間，則在密西西比上流地帶及加利佛尼亞大往大來了。

以下且依這時代的人口統計，考察西漸運動的經過。茲爲首先考察這時代人口增加的趨勢

起見，特列表於下：（註一）

自一七九〇年至一八六〇年美國人口增加的趨勢（以千人爲單位）

年次	白人	有色人	計	移入民	各十年間的增加率（%）	八千人口以上的都市總人口中所占的百分比率
一七九〇	三、一七二	七五七	三、九二九			三·三五
一八〇〇	四、三〇六	一、〇〇二	五、三〇八		三五·一	三·九七
一八一〇	五、八六二	一、三七八	七、二四〇	約二三四	三六·四	四·九三
一八二〇	七、八六二	一、七七二	九、六三四		三三·一	四·九三
一八三〇	一〇、五三七	二、三九二	一二、八六六	一四三	三三·五	六·七二
一八四〇	一四、一九六	二、八七四	一七、〇六〇	五九九	三二·七	八·五二
一八五〇	一九、五五三	三、六三九	二三、一九二	一、七一三	三五·九	一二·四九
一八六〇	二六、九九一	四、四四二	三一、四四三	二、五九八	三五·六	一六·一三

西漸運動時代的人口狀態，自於一七九〇年以來每十年有了一次全國的國勢調查之後，纔能夠知道的（一七九〇年的國勢調查，是世界最初關於周期的國勢調查）。

根據一七九〇年的國勢調查其總人口爲三、九二九千人，而北部（當時的新英格蘭及中部大西洋沿岸地方）與南部（當時的南部大西洋沿岸地方與東南中央部地方）的人口，簡直成了匹敵的狀態。當時最大的都市首推菲列得爾菲亞（人口四二、四四四人），其次就是紐約（人口三三、一三一人），波士頓（人口一八、〇三八人），查爾玆呑（人口一六、三五九人），巴爾的摩爾（人口一三、五〇三人）等都市，此外並沒有人口八千以上的都市。而這些都市的人口總數，亦不過占全人口的三分三釐強。

如前表所述，可知整個西漸運動時代，簡直是每十年間都以三分之一的增加率（每二十三年約增加一倍），顯示其增加的趨勢。且就前表所列移入民數看來，既然在初期很少，至末期增多，又可知增加那樣多的人口，其大部分都是由於自然增加的結果。

就這時代移入人數的趨勢看來，在初期爲甚麼那樣的少（自一七九〇年至一八二〇年這三十年間，只有二十三萬四千人，每年平均計算還不够八千人）呢？這就是由於獨立革命的混亂，獨立後長期的不景氣，輸出的禁止，與英國的戰爭（一八一二——一五年），以及一八一九年的恐慌等等原因而使然。以後其所以逐漸增加的原因，卽在一方面由於美國國事的整備，及其繁榮的到來；而他方面又由於歐洲方面發生了許多不良狀態，以致解除了美國在一八二〇年的恐慌及其以後的不景氣，所以移入民自然增加起來。固然在一八二〇年的時候還是少數；但是到了一八三〇年，卽因英國發生了經濟的不景氣，遂使移入民源源而來；以後又因一八四六年愛爾蘭發生了馬鈴薯的饑荒，及一八四八年陸洲大陸發生了政治的混亂，所以來自愛爾蘭及德國的移民，特別加多。此外還有許多原因，如當時美國土地價格低廉之容易取得，如工資因勞力不足而增高，如在加利佛尼亞之發見金鑛（一八四九年），及如大洋航海之便利與價廉，凡此等等，皆足以助長移入民的增加。在這時期中移入民的半數以上，是來自英格蘭及愛爾蘭，而來自德國的，則居三分之一。從英格蘭及德國來的移民，大都從事於中央地帶的農業，從愛爾蘭來的移民，大都成爲東部都市中的非熟鍊工人。依據一八五〇年的國勢調查，生於外國的美國人，有二、二四〇千人，及至一八六〇年，竟達四、一三〇千人。且移入民之中，男子居多（約占十分之六），而十五歲至四十歲的青年及壯年，尤占其中十分之六・七。正當美國建立產業深感勞力不足的時候，而提供這許多新加入的勞力，這的確對於美國的發展有很大的幫助。

美國人口的增加情形，已如上述；然而同時又因西漸運動及都市的成長，又使人口在分布狀態中發生極大的變化。節節進行的西漸運動對於人口分布的影響，由左表看來，卽可知其一般。

美國各地域人口增加的趨勢（以千爲單位）

	一七九〇年	一八〇〇年	一八一〇年	一八二〇年	一八三〇年	一八四〇年	一八五〇年	一八六〇年
新英格蘭	一、〇〇九(26)	一、二三三(23)	一、四七二(20)	一、六六〇(17)	一、九五五(15)	二、二五三(13)	二、七二八(12)	三、一三五(10)
中部大西洋沿岸	九五九(24)	一、四〇三(27)	二、〇一五(28)	二、七〇〇(28)	三、五八八(28)	四、五二六(26)	五、八九九(25)	七、四五九(24)
南部大西洋沿岸	一、八五二(47)	二、二八六(43)	二、六七五(37)	三、〇六一(32)	三、六四六(28)	三、九二五(23)	四、六七九(20)	五、三六五(17)
東北中央地帶		五一(1)	二七二(4)	七九三(8)	一、四七〇(11)	二、九二五(17)	四、五二三(19)	六、九二七(22)
西北中央地帶			×二〇	六九(1)	一四〇(1)	四二七(3)	八八〇(4)	二、一七〇(7)
東南中央地帶	一〇九(3)	三三五(6)	七〇九(10)	一、一九〇(12)	一、八一六(14)	二、五七五(15)	三、三六三(15)	四、〇二一(13)
西南中央地帶			七八(1)	一六八(2)	二四六(2)	四五〇(3)	九四〇(5)	一、七四八(6)

山脈地方							七三×	一七五×
太平洋沿岸							一〇六×	四四四(Ⅰ)
合衆國	三、九二九	五、三〇八	七、二四〇	九、六三八	一二、八六六	一七、〇六九	二三、一九二	三一、四四三

(備考)各地人口傍邊所加的羅馬數字，是表示在合衆國總人口中所占的成分(百分比)，×的記號，是表示不到百分之一。

由上表看來，各地方的人口都有相當的增加；然在總人口中所占的成分，新英格蘭及大西洋沿岸地方卻又逐漸減少，而各中央地方卻能逐漸加多。這就是人口向西方移動的實證。尤其在十九世紀前半期最激增的部分，就是阿利根尼山脈以西的地方，特別是中央北部各州(俄亥俄、印第安納Indiana、依利那Illinois、密雪干Michigan、威斯康星Wisconsin)。一八五〇年的時候，居於阿利根尼山脈以西的人數，竟占總人口的十分之四·五，而在一八五〇年以後，密西西比河以西的地域，也受到西漸運動很大的影響。

西漸運動，確移動了人口分布的中心點。在一七九〇年的時候，中心點本來是在巴爾的摩爾及馬利蘭附近的地方；及至一八四〇年，卻移到了現在的西弗基尼阿；至一八六〇年，又移到了俄亥俄的東南部。自從人口分布的中心點傾向西方以後，於是所有產業的中心點，遂亦逐漸移到了內部地方，這種情形，在小麥及其他穀物並農場財產的價額中，卽可表現出來。

此外，更因運輸機關的改善及工業的發展，又使人口開始集中於都市，至一八四〇年以後，更爲顯著，由前表所載八千人口以上的都市人口在總人口中所占的成分看來卽可想見。又就都市的數量而言，在一七九〇年，不過只有前面說過的八個都市；但至一八四〇年，卻增加到四十四個都市，及至一八六〇年則更激增到一百四十一個都市了。又就一個都市的人口數量而言，在一八四〇年最大的都市如紐約，也不過僅有人口三十萬，但至二十年以後，卻增加到八十萬，又如芝加哥（Chicago）則從一八四〇年的四千四百人，一躍而達到十萬九千二百八。又就北部都市與南部都市的比較數量而言，在一八六〇年具有人口八千以上的都市，北部已多於南部四倍。

（註一）Bogart, p.426.

（註二）Shannon, p.163.

第二章 運輸交通及國內商業的發達

第一節 運輸交通

與這西漸運動極有密切關係的，就是因這時代運輸交通的發達，而促成了西漸運動的發展。美國在這一時代中，其經濟發展的原因，除了生產技術的改善以外，尤在運輸交通的改善，舉凡都市的發達，工業的集中，大規模的生產，外國貿易，以及近代經濟社會生活的發展等等情形，無一非由運輸交通的改善而實現。

就政治方面說，改善了運輸交通之後，在廣大的領土上纔有行使民主政治的可能。可以事實上，在獨立革命中及西方領域中因爲有了「地方分權派」的傾向，遂於政治上有改善國內交通之必要。及至聯邦成立後，這種改善運動（尤其是當一八一二年戰爭後，這種改善的願望極強），尤爲加強。

關於移住西方及開發財源，只有建設優於印第安人的老方法及天然水路的運輸機關，纔有可能。茲就美國運輸交通的發達，分爲下列三個階段來說明。

（一）稅道時代（一七九〇年至一八一五年）

（二）汽船時代（一八〇七年至一八五〇年）

（三）鐵道時代（一八五〇年以後）（註一）

第一　稅道（Turnpike）時代

西漸運動時代的當初，道路的建設也很多；而其主要的交通路線，還是交付路金的稅道。這稅道是自一七九二年至一七九四年在非列得爾菲亞與蘭卡斯忒（Lancaster）之間開設了馬卡達姆（Macadam）式的道路（即沙石鋪設的道路）之後，纔開始發生。這個道路的成功，是由於當時開闢道路的熱狂促進的，有許多築路公司，都由特許而設立。當一八〇八年的時候，財政長官卡拉庭（Albert Gallatin）在其道路、運河、港灣及河川的報告書中，發表了精密的交通計畫，擬定以處分公有土地所得的二千萬美元爲經費，在國家的規畫之下而進行。這個計畫固然大部分不是由聯邦政府完成的；卻是當做國家的事業去進行，終於築成了昆布蘭道路（Cumberland Road）。這條道路，是連結馬利蘭的昆布蘭與伊利那的范德利亞（Vandalia），延長綫達八百三十四里，從一八一一年開工，由國庫支出了六、八二〇千美元，至一八五二年纔完成了這一國立大稅道，而成爲數十年間連結俄亥俄河地方與東部的主要道路。繼續移居於西部的人民，也是以這條道路爲依據。

這樣的建築道路，當然對於國內交通的貢獻很大。若就昔日看來，即令已經開發的地方，而道路亦不甚完備，例如新英格蘭當一七八四年的時候，河川上面還沒有建立橋梁，交通方面或則騎馬涉行，或在水運方便時用船渡行；而能够行駛驛馬車輛的道路，簡直等於鳳毛麟角。由此看來，可知建築道路以後的效用，已非昔日可比了。

第二　汽船時代

當建設稅道正熱狂的時候，對於汽船的研究亦大有進境，例如美人孚爾吞（Fulton）最初製出實用的蒸氣船，於一八〇七年駕駛外輪汽船古拿蒙號，以三十二小時，試航了紐約與阿爾巴尼間一百五十里的距離，以後又於一八一一年在俄亥俄河航行其汽船，而成爲河川交通上一個革命的先驅。這交通上的革命，對於俄亥俄河流域及密西西比河流域這西部的開發地，確有很大的影響。尤是是從一八二四年孚爾吞的獨占被解放以後，蒸汽船的航行，更有飛躍的發展，一八二五年在西部河川上面的汽船，只有一二五隻；及至一八四〇年，則在密西西比河流域的交通上占有五分之四的力量。且在一七九〇年的時候，密西西比河流域的通商毫無起色；及至一八六〇年，則達到二億美元的總額。這蒸汽船不僅在西部成爲主要的交通機關，其在東部也是一樣，計自一八三〇年至一八六〇年之間，的確可以稱爲汽船的黃金時代。

考美洲大陸的河川方向，大都是從北方流入於南方，在這種關係，自有溝通東西兩方（即大西洋沿岸地帶與密西西比河流域）之必要。且因稅道上的納費很高，所有穀物及其他許多貨物的運輸，諸多不宜，於是開設運河的要求，便從此高漲起來。

原來在華盛頓政府成立時，就有開設運河之必要，故於一七八七年至一七九四年，即開始爲築了沼地運河（Dismal Swamp Canal）；可是眞正開設運河的時代，還在一八一七年開始與築伊利運河（Erie Canal）以後。開這條運河的目的，卽在使哈得孫河遡行的終點與大湖水的連絡，由紐約州起工，於一八二五年完成，延長達三六二里（但其全部距離並非全爲運河，全距離中約有三分之一的工程是依天然水道而成），從此紐約與布發羅（Buffalo）之間，便有了水路的連絡。自這運河開設以後，使大湖水的交易，與大西洋的貿易得到連絡的關係，且使北西部的農業者有了來往於東部市場的機會。又運河與水路相接的地方，必然要發生繁華的都市，尤其是紐約立卽成了海港都市的主位，其在一八二〇年的人口爲一二四千人，到了二十年以後，則已達三一三千人。這樣的繁榮，自然要促令其他有海港都市的州，也發生開設運河的狂熱，如賓夕法尼亞州卽於一八二六年至一八三四年開設菲列得爾菲亞運河，延長達三百九十里，而連絡了菲列得爾菲亞與匹茲堡（Pittsburg），以後又繼續開設了俄亥俄運河及摩利斯運河（Morris Canal），而達於繁榮的地位。總計運河的延長里數，其在一八三〇年爲一、二七〇里；及至一八四〇年，則加到了三、三二〇里。（註二）

然因開設運河的過度，以及因此而發生的土地投機事業之過於膨脹，於是引起了一八三七年的恐慌，從此開設運河的事業，不得不歸於停頓。而且州的投資，向來是在運輸事業上面；而以後卻又逐漸採取脫離這種投資的傾向，以致移到了民間的公司之手。茲爲考證起見，特將各州募集州債的各種目的（以一八三八年爲止），分類列表於左，藉知開設運河的用途，實居第一位。

設立銀行	五二、七四〇、〇〇〇美元
開設運河	六〇、二〇一、五五一美元
開設鐵道	四二、八七一、〇八四美元
開設道路	六、六一八、八六八美元
雜　項	八、四七四、六八四美元
合計	一七〇、三五六、一八七美元

第三　鐵道時代

運河在初是爲連絡河川得能通運而開設的；鐵道也是一樣，至一八三〇年的時候，也是爲着補助運河及河川的不足而建設的；可是不久卽確認了鐵道的效用，而有敷設長延幹線的要求。在一八四〇年的時候，其總延長線已達到二　八二八里；不過缺乏許多的連絡，諸多粗雜的工程。所以要說到眞正的鐵道建設盛行時期，還在運河開設的氣運衰頹以後（卽一八五〇年以後）。在先一八三〇年的時候，鐵道的延長線尙只七三哩；及至一八六〇年，其總延長線，已可推定爲三〇、六〇〇哩之譜了。（註四）從此基幹的鐵道網已在阿列根尼山脈以東成立了，並且主要的沿海都市，已與西部地方取得了連絡。如波士頓、巴爾的摩爾、費爾茲𠇍、塞芬那（Savannah）等都市，在先皆因缺乏運河的連絡，不能發展西部的交易；從此敷設鐵道以後，卻活躍起來了。

在這鐵道時代，已經開設了三大幹線。第一幹線，就是巴爾的摩爾與俄亥俄的連絡線，其西方的終點，達於俄亥俄河，使俄亥俄谿谷中的商業，打開了發展的途徑，而其對於巴爾的摩爾，當然也有很大的價値。第二幹線，就是菲列得爾菲亞與匹兹堡的連絡線，其對於俄亥俄的開發，則與第一幹線同。第三幹線，就是紐約線。在先紐約因開設了伊利運河之後，已與大湖地方取得了連絡；可是到了菲列得爾菲亞及巴爾的摩爾各與俄亥俄谿谷地方取得了連絡而立於有利的地位時，深恐在北方商業上失其霸權，所以終於完成了從紐約經阿爾巴尼而達布發羅這一連絡線。如上所述在建設鐵道的初期，其終點總在俄亥俄河或大湖地方及至一八六〇年的時候，卻已進展到密西西比河，節節延長到西方。

密西西比以東的鐵道，其所以得能急速的擴張的，還有種種的原因，如鐵道公司相互間的競爭，以及紐約、非列得爾菲亞、巴爾的摩爾這三大都市的商人們相互間的對立，都是很大的助力。

總之，鐵道敷設以後，所有內地農產物及土地的價值卽因而增大，大都市的發展也因而成爲工商業的中心地，並且市場的擴大可以促令大規模生產的發生，乃至於工廠制度的發展，都可說是由鐵道促成的。

以前運河開設過於擴大時，曾經引起了一八三八年的恐慌，及至鐵道又有過度的開設時，也同樣的發生了一八五七年的恐慌，而來一頓挫。以後鐵道的開設，也曾中斷過多少次；直至一九一〇年，又纔繼續建設。

運輸機關的發達，已在上面敍述了一個大概。不過在這期間中商業所以得到發展的原因，當然不能僅以上述運輸機關爲限，此外，所有廣義的交通機關如通信機關及輸送方法的改進都是值得注意的。

第一，就是電報的發明。電報發明後的第九年（一八四四年，）以三萬美元的預算，開始動工建立華盛頓至巴爾的摩爾的電報線，從此以後，新式的通信機關，遂非常發展，到了一八六〇年的時候，東部地方已得到充分的普及，而達於太平洋沿岸的電報線，也在此時動工了。

第二，就是郵政事業的改進。郵務在一般社會生活中之爲必要事項，固不待言，此外，對於經濟生活的發展，更有很大的貢獻。從一八一六年到一八六〇年的時候，郵件的取費，原以距離的遠近爲標準，所以郵費較高。及至一八四五年，曾經數次的減低，終於同年作第一步的徹底改善，始由距離主義轉向到重量主義。例如不及半盎斯的信件，而在三百哩以內者，取郵費五生脫，其在三百哩以外者，則爲十生脫，如果量又加重，則郵費也要加高。以後又於一八五一年規定末滿三千哩的信件，其先付郵費者爲三生脫，而後付者爲五生脫；如在三千哩以上者，則爲六生脫至十二生脫。

郵政有了這樣的改善，同時又有鐵道的普遍，遂於一八三一年規定一切的鐵道皆爲郵遞線，而使美國的郵政大爲發達，就郵政局所的數量說，其在一八〇〇年只有九〇三所，及至一八六〇年，竟增加到二八、四九〇所了(註五)。

第三，特種輸送事業的發展。這就是用特別注意的方法運送貴重物品的事業，原由鐵道建設監督漢丁(William F. Haddon)於一八三九年所提出的方案而成。其在當初，原歸私人經營的；但因當時的交通條件困難，爲着穩妥的輸送貴重物品起見，所以漢丁創立的這種制度，最爲適宜，非常發達，終於特設了許多特運公司，專司其事。

上述種種基本的或補助的交通機關，整備而且發達以後，對於國內商業的發展，確有很大的影響；而商業的發展，同時又足以促令交通機關的發達，彼此互爲因果，而致逐漸得到很大的伸展。

(註一)鐵道的建設，其在一八三〇年即已開始；但就比較的大規模建設而言，還在一八五〇年以後。所以本處以一八五〇年以後爲鐵道時代。

(註二)Lippincott and Tucker, p. 300.

(註三)Bogart, p. 397.

(註四)Lippincott and Tucker, p. 304.

(註五)Ibid, p. 309

第二節　國內商業

與運輸交通的發展相關連而應當顧及的，就是國內商業的發展。

美國獨立革命的結果，便切斷了西印度貿易的一部分，及至拿破崙戰爭終結後，西印度貿易，簡直完全成了停止的狀態，並且同時在歐洲的市場，也被封鎖了一部分。從此美國商業在西印度貿易上所有的重大利益，便歸於喪失，因有這種喪失，遂使美國大有依存於國內資源之必要，而至於極力提倡國內的商業。

在這一時代之初，能夠達到國內遠地的交易，原是很少的；只有毛皮類及人參等少數物品，在伊利運河開發以前，集聚於巴爾的摩爾及菲列得爾菲亞的市場，再販運到西方。

美國獨立以後，固然在一七九一年的時候撤廢了以前殖民地時代及革命期中的聯合時代（一七八一年到一七八九年）所有各州間報復的關稅，大有益於國內商業的來往；可是促進國內商業的發展的，還在上述的外在的原因。就這一意義而言，一八一五年與一八一六年這兩年，便成了美國社會經濟史上的重要年。所有當時發生的許多事件，都於以後商業的發展上給與很大的影響。當一八一五年拿破崙戰爭終結以後，美國的穀物便受英國市場的封鎖，且與西印度諸島的交易，也受了封鎖，其結果自然要使美國的對外貿易受着很大的打擊。又當一八一六年的時候制定了第一次的保護關稅法之後，因此而發達的製造工業中心地，隨卽對於西部的產物南部的棉花，成了有力的國內市場。而其更重要的事件，尤在一八一六年因蒸汽船的行駛，而使沿着密西西比河的溯航，達於成功這一點。從此以後，美國大陸的南北運輸交通，大爲進步。又於翌年開發了巴爾的摩爾至惠林的道路，以及一八一七年至一八二五年開發了伊利運河，更使美國大陸的東西打開了運輸交通的路線，以致國內商業大爲發展，竟於商業上的重要地點，發生了紐約，布發羅，克利夫蘭德（Cleveland）、托列多(Toleds)、台特聿（Detroit）、芝加哥等商業都市。

原來西漸運動在商業發展上所獲得的效果，不僅在增加人口；還在開發或定居於物產及需要都與阿利根尼山脈以東各舊州不同的新領域。這些舊州在過去二百年間，其於人口及財富並文化等等方面，都有相當的進展，較之俄亥俄河沿岸地方及南部栽種棉花地帶，實已達於更高的經濟發展階段。這些新領域與那些舊州的差異，就是國內商業在經濟上所要發展的基點。

解除或結合這種差異，當然對於商業的發展具有很大的力量，而且同時可以促達各種交通機關的發達。尤其是鐵道及運河的建設，對於國內商業的流轉，更發生了很大的變化。在交通機關沒有改進以前，河流就是內地交通的主要路線，因而商品只有順着河川貫流的方向而流通，只有沿河川或當河口的都市纔能發達。及至運河及鐵道連絡了內地與沿岸都市以後，商品的流通方向，便離開了河川的關係，除了北方或南方之外，又可往來於東西兩方了。因此北方的各都市尤其是紐約，遂於此等變化中享受了最大的利益；同時南方的各都市尤其是新奧爾良(New Orleans)却受了非常的威脅，這些利害對立的都市，當然有深刻的競爭；可是這種競爭，却又促進了交通機關的改善。

這時代中主要的商業地域，是在大湖地方，密西西比流域，及平原地方這三種處所，茲分述於左。

（一）大湖地方

在伊利運河還未開設的時候，大湖地方的商業，簡直是陷於不可能的狀態之中，要說到這種地方的商業，只是用小船供給湖畔的軍營所在地，或是裝載與印第安人交易的毛皮等貨物。及至一八二五年開設伊利運河以後，大湖地方，隨卽增加移民，開展迅速，湖畔的各都市便成了出入船舶的中心點。就人口增加而言，如芝加哥在一八三〇年尙是小都市，其人口僅有四、五〇〇人；但至一八六〇年，則已增加到一〇九、二六〇人。又如台特聿則有二、二二二人增加到四五、六一〇八人，克利夫蘭德，則自一、〇七〇人增加到四三、四一〇人。

大湖地方的這種發展，當然要促成商業的發達，其在一八二〇年的交易不過只有二、三十萬美元；及至一八六〇年，竟增加到三億美元。（註一）

（二）密西西比流域

在英國人開始殖民於密西西比流域以前，法國人卽已在這河流中航行，與其腹地的土人作毛皮交易。其後這個地方成爲美國領土的時候，還是用小船與內地相交易。及至行駛汽船的時候，這一流域的商業纔有很快的發展。例如自新奧爾良的內地輸出的財貨，在一八一五年只有八、七七九千美元；至一八六〇年，則已增至一八五、二一一千美元。(註二)

（三）平原地方

西漸運動的進行，隨而興盛了與平原地方的交易。例如在聖腓（Santa Fe 新墨西哥 New Mexico 的殖民地）的貿易，及在摩門教徒(Mormons)的猶他（Utah）殖民地的交易，都是極有利的。又在靠近一八六〇年的時候，因發生於科羅拉多（Colorado）的採鑛競爭，或因頓弗爾(Denver)地方的貿易。以致發達了這些地方的商業。且於一八五九年因發現科羅拉多的貴金屬，而對於密蘇利河(Missouri)沿岸的商人又給與了有利的條件。

因此國內的商業，遂得到逐漸的發展。

（註一）Lippincott and Tucker, p. 288.

（註二）Ibid, p. 291.

第三章　貨幣金融問題

第一節　貨幣制度的確立

在進行西漸運動而新開闢的地方，其交易方法，大都採用物物交換制度，沒有急於以貨幣爲媒介的必要。如在殖民地時代，農民們都是提供其貨物，去接受商人所貯藏的商品。及至一八三〇年，俄亥俄許多工廠的勞動者，還是受着棉花及羊毛布的報酬。這種報酬方法，也爲西部其他地方所通行。但是到了人口增加，產業發達，交通機關整備以後，交換經濟逐漸擴大，於是痛感物物交換制度的不便，就是紙幣或磨毀了的鑄貨也爲一般所歡迎。

整備運輸交通，對於美國在西漸運動時代的經濟發展之重要性，已如前章所述。此外，關於需要交換的媒介手段如貨幣之能全安而適當的流通，也於經濟的發展上同樣認爲不可缺的要件。

所以對於這一點，莫不希望其實現。

本來美國當建國之初，其國內通貨，完全是在混亂狀態中。其混亂的一個原因，就在爲着完成獨立之革命而要調度必要的經費。在初聯邦會議既然沒有立法權，當然不能依靠租稅，只有發行不能兌現的信用劵或紙幣。從一七七五年到一七七九年，發行信用劵達二四一、五五二、七八〇美元，並發行紙幣達二〇九、五二四、七七六美元。(註一)

聯邦會議曾經要將這些信用劵及紙幣分配各州，令其償還；但是終歸於失敗。於是建國後的聯邦政府，其最緊要的一個任務，即在定一價值的標準、整備貨幣鑄造制度。

革命後的各州，也有許多爲圖自己的發展，而充分發行紙幣的。金融市場，大都表現在財貨的輸入及公有土地投機的上面。這通貨膨脹的結果，就是物價暴騰，而使債權者、商人們、及有確定收入者陷入非常的苦境。處在這種苦境中而有共通利害關係的經濟集團，即不得不有所要求，要求的結果，終於聯邦憲法中規定：無論何州，均不得鑄造貨幣，均須用金貨或銀貨償付債務。

從此聯邦政府遂建立了統制貨幣的基礎；對於貨幣更有統一化體系化及確定之必要。就當時行使的金屬通貨而言，主要的就是能與外國貿易相交易的貨幣，還有一部分是移民拿來的貨幣。在這混雜狀態中，所有英法西班牙葡萄牙各國的各種通貨，都混合在內。這種情形，一方面是由於美國向來就沒有貨幣鑄造法，而成為貨幣的無政府狀態；他方面又由於到一八四八年為止美國貴金屬的產出額極少，所以有此混雜的結果。這些混雜的通貨，其交換的比價，當然各不相同；就是同一種類的貨幣，也因其磨毀的程度不同，而其比價亦不同。在這樣複雜情形之下，為着計算方便起見，不論貨幣的國籍怎樣，都以英國貨幣作換算的標準。由此看來，可知由國家鑄造劃一的貨幣而統制起來，這是極感必要的一個要求。

一七九二年的貨幣鑄造法(Coinage)，就是適應這種必要而制定的，規定以弗（美元）為單位，採用十進法，而其金銀的比價則為一五對一（本位銀貨（弗）含純銀三七一·二五加侖，本位金貨（弗）含純金二四·七五加侖）。至一七九四年，即於非列得爾菲亞創設國立造幣局，許其自由無限制的鑄造銀貨與金貨。制定這鑄貨法的功績，當然要歸於當時的財政部長哈米爾登（Alexander Hamilton）。（註三）

這鑄貨法，是採用複本位制，以金銀兩貨爲法貨，公定其比價爲一五對一。實於法貨的銀價未免過大。這法定的比價當然與市場的比價不同。法價是非法律不得變更的；而市價則依需要供給的法則而決定，是不斷的動搖的。並且鑄造法決定了法定的比價後，因爲當時金銀的市場比價爲一五半對一，以致市場上發生了惡貨驅逐良貨的法則，即金貨漸從流通上面收藏起來，只有銀貨流通於市面，而金貨的所有者，或將金貨向外輸出，或在市場上與銀相交換。

因此政府即由一八三四年及一八三七年的法律，改訂金銀的比價，而將從前一五對一變更爲一六對一（本位金貨含有純金二三·二二加侖本位銀貨含有純銀三七一·二五加侖）。當時金銀的市場比價，已爲一五半對一，金的評價又覺稍高，因而造幣局的存金很多；而銀貨又逐漸不在市面流通了，至一八四〇年以後，市面上只能見其極少數而已。加以一八四八年有了金的大發現，金量陡增，同時更因少數鑄貨不够，引起一般交易上的不便，遂於一八五三年減低了少數銀貨的純銀含量使其本質上的價值低到貨幣價值以下，而圖其流通，在表面少數銀貨固然還在流通；可是事實上，銀圓仍然大量的收藏起來，只見金貨的流通。

（註一）Dewey, p. 36.

（註二）哈米爾登（一七五〇年——一八〇四年）在獨立革命中是華盛頓的祕書，頗形活躍，新政府成立後，又在華盛頓下面作財政部長（自一七八九年至一七九五年），身處獨立革命後多難的時期中建立了許多重要的國策，因於憲法制定後十二年間，大有「哈米爾登時代」之稱。他是一個最熱心的中央集權論者，極力排斥德謨克拉西，常視私利為最優先的經濟利害關係，可說他是當時最能代表上層階級和有產階級的第一流政治家。

哈米爾登在有名的製造工業報告書中，為圖國家的獨立與安全，極力論述得能均衡的國民經濟與實業分化的原理，提議用保護關稅政策對於製造工業作有計劃的援助。

一七九三年，也有許多政治的反對者攻擊他的財政行政；可是他終於戰勝了反對者，樹立了國家的信用，建設了有效的金融制度，招來了一般的繁榮，而大有助於國家的統一。

第二節　金融機關的整備與國庫制度

先就金融機關的整備情形，說明一下。原來依憲法的規定，各州不得發行信用證券，同時聯邦政府也沒有發行紙幣的特權；可是無論用若何形式去發行信用通貨，都是一般切實的要求。於是一面為着供給這種信用貨幣，一面又為着構成政府的財政機關起見，遂依哈米爾登的提議，終於一七九一年以英格蘭銀行(Bank of England)爲模範，特許設立了第一合衆國銀行（First U. S. Bank)，其期限定爲二十年。這個銀行的資本有一千萬美元，其中五分之一爲聯邦政府所提出。其對於財政缺乏的政府，可以通融六百萬美元的貸款，並且能够擔任其他許多重大的任務，此外，對於一般民衆，就是用兌換銀行劵的形式，供給安全的信用通貨。他如總行及分行（八所）所經營的銀行業務，其於一般商事交易上，確給與了很大的便利。其對於地方的不兌換銀行劵，則拒絕收受，不令其流通，以便統制通貨（但是卽刻受了地方銀行的反對。因在一八一一年時，特許州立的地方銀行，共達八十八所，其所發行的銀行劵，總計達四五百萬美元。）又爲金融力的集中化起見，並爲顧慮到合衆國銀行發生多額外國投資（約七百萬美元）的惡作用起見，對於本行一八一一年特許設立時所定的終了期限，終於廢除了。

從這第一合衆國銀行解散後，至一八一六年第二合衆國銀行(Second U. S. Bank)設立時爲止，在這一期間中，實爲特許州立地方銀行（一八一六年，其數爲二百四十六所）的活動期。因爲第一合衆國銀行的解散，要收回其銀行劵（一千萬美元，）同時又因本行對外投資（七千萬美元）要使現金流出，遂成通貨的不足，爲要彌補這種不足，即須地方銀行負擔當之責；不過地方銀行對於通貨的供給昔，又往往超過了實際的必要量，這是由於當時州中的立法者，沒有監督銀行的經驗，而且銀行當局又不知道經營銀行的原則而使然。他如當時對於商業公司的資本之甚爲需要，又如西部公有土地發賣的信用組織散漫之助長西部的銀行貸款（當時儲蓄銀行制度尚未發達，貸款是專用銀行劵去支付的，所以銀行貸款的增大，只有增發銀行劵，）更如英美戰爭時代（一八一二年至一八一四年）金融組織之無秩序，以及政府與國民需用貨幣之迫切，在在足以促令通貨膨脹政策的到來。計自一八一二年至一八一七年之間，銀行劵的流通額，竟自四千五百萬美元增加到一億美元，而其增加的大部分，都行於西部。由此看來，可知美國之再行紙幣政策，是當然的結果。

受這紙幣政策的影響最深的，顯然是流通銀行劵增加最多的西部地方。故就銀行劵低落的比率來看，其在紐約各銀行，不過是低到百分之十，其在華盛頓及巴爾的摩爾，也不過低到百分之二十二，都還比較的少；但在西部地方，則顯然低到百分之五十了。（註一）

因此一方面爲了通貨的統制，他方面又爲了戰爭之故要援助財政上所逼迫的國庫，所以在財政部長達拉士(A. J. Dallas)的努力之下，又要重行哈米爾登的政策，竟於一八一六年特許二十年的期限設立了第二合衆國銀行。這銀行的資本爲三五百萬美元，其中五分之一爲聯邦政府所出，其銀行劵的發行額，是在資本的限度內受其限制，並且能够兌換。不料這銀行設立後三年間業務不振，至一八一九年幾瀕於破產，後經更換總裁，力行其他澈底的改造，纔能恢復，從此便極端採用通貨收縮政策了。這樣一來，固然挽救了銀行；可是因當時的投機熱狂所釀成的金融危機，還是不能避免，終於一八一九年勃發了美國最初一般的恐慌。這恐慌的原因，確很複雜，除了中央銀行業務不良之外，他若西部的土地投機，迅速的商業發達，輸出禁止時代製造工業的異常發達，以及後因外國競爭又使製造工業發生不安定的狀態等等情形，可說都是恐慌的原因。重行調整這樣的情形，在某種地方，恐怕也要費三四年的工夫。既然合衆國銀行的銀行劵，是以平價流通，所以地方銀行要加以拒絕，要限制銀行劵的發行，而以正貨爲支付。

在南部與西部地方，對於資本及貨幣的需要很大，所以對於防止過度發行的手段毫不講求。

尤其在西部地方，爲了常要支付與東部交易的差額，爲了鑄貨常要購買多額的製造工業品，所以不斷的向東部流出而歸於枯渴。

此時看到中央銀行有獨占危險的佳克孫(Jackson)這一派，正強烈的反對聯邦銀行制，而且一般的嫌惡銀行劵的通流，歡迎正貨的流通，於是聯邦銀行應否繼續特許設立的問題便成了一八三二年選舉大總統時的爭點，投票的結果，佳克孫這一派占了多數，因而聯邦銀行不能繼續受特許，只候特許期限屆滿，即歸解散，從此由中央銀行統制信用通貨的政策即告終結，而地方銀行發行必要的信用通貨制度，再度代之而興。

然而又因當時的投機熱，因州政府所辦的國內交通設施，以及對於西部土地的投資等事由，而使資本及信用都有增加的驅勢，又加以地方銀行，漸多開設，於是通貨又不期而膨脹起來。茲就銀行信用的膨脹狀態，列表明示於下：

銀行信用的擴大(單位爲百萬美元)

	銀行數	資本總額	貸款總額	通貨流通額	正貨
一八二九年	三〇九	一一〇、二	一三七、〇	四八、二	一四、九
三四年	五〇六	二〇〇、〇	三二四、一	九四、八	
三六年	七一八	二五一、九	四五七、五	一四〇、三	△四四、〇
三七年	七八八	二九〇、八	五二五、一	一四九、二	三八、〇
四二年	六九一	二二八、九	二五四、五	五八、六	三三、五
四七年	七一五	二〇三、一	三一〇、三	一〇五、五	三五、一
五三年	七五〇	二〇七、九	四〇八、九	一四六、一	四七、一
五七年	一、四一六	三七〇、八	六八四、五	二一四、八	五八、三
六〇年	一、五六二	四二一、九	六九一、九	二〇七、一	八三、六

（△為1835年度分）

這樣過度投機的通貨膨脹，遂招來了一八三七年的恐慌。惹起這種過度投機的動因，不外：（一）世界和平秩序的恢復；（二）海外對於美國農產物特別是棉花的需要增加；（三）改善國內交通的設施特別是運河的開發；（四）聯邦政府於一八三七年度剩餘金的存儲；（五）

一般的土地投機等事由。

當這投機熱狂的時候，適於一八三六年七月十一日有所謂國庫正貨流通的規定，便造成了恐慌勃發的直接原因。

這一規定，就是指定政府的公有地發賣時，須專用正貨或兌換銀行券付其代價，這樣一來，土地投機便受了約束，西部銀行的活動，便受了很大的阻礙。

自從一八三七年五月十日紐約市的銀行開始停止兌換以後，接續在二個月之內，就有二百五十家銀行宣告破產。從此激烈的不景氣，竟延續五六年之久。

從一八三七年到一八六三年，可說全是地方銀行的時代。關於通貨的統制，完全委之於州，聯邦銀行在金融方面沒有重大作用了。在這一時期中，銀行的安定及健全如何，因各地方所採的制度而不同。

在新英格蘭地方，是盛行着 Suffolk system 這種制度，其各銀行的銀行券，都能整一的流通，頗受一般的好評。依這種制度，無論何時，都要準備正貨去償還，所以新英格蘭的銀行，還要在波士頓設立償還機關。這機關在波士頓發現了新英格蘭的銀行券以後，便須負責蒐集起來，支付正貨，再把它發還到發行所。

在紐約地方，自一八二九年以來，即採行了 Safety-fund system 這種制度，各銀行的支付達於百分之三的時候，就要每年完納按資本金百分之一半的州收入稅，作爲基金，以爲償還失敗銀行的銀行券之用，這就叫做通用銀行券的相互保險。又紐約在一八三八年以前關於銀行的設立，原是要受特別允許（Charter）的；但自一八三八年頒布自由銀行制度法以後，無論何人或團體，只要有一定的擔保品提供於州會計檢查官以後，即可發行一定額的通用證券。這種制度，不僅紐約採用，其他各州也有採用之後，同樣得到發展的。

這幾個地方的銀行制度，固然逐漸得到健全的發展，但在西部及南部各州，其銀行業務還是不良，並且其銀行法規及其他種種取締，都是極其鬆懈。

而其最大的缺點，就在不強制兌換正貨，而使銀行券有過度的發行，且在實業界又表現出紙幣價值下落與紙幣不統一的缺點。這些缺點，直到一八六三年設立了中央銀行的時候，還是存在着。

還有與銀行制度的變遷相關聯而必需考察的問題，就是國庫制度。因爲國庫的出納額極大，究應如何辦理，實於金融活動上給與重大的影響，所以有加以考察之必要。

合衆國當建國之初，原於一七八九年規定財政部處理國家財政，關於國庫金的出納，原是規定承財政部長之命由國庫官司其責；但在實際上，關於現金的出納和保管，卻由國立或州立的銀行行之。

在第一和第二合衆國銀行時代，關於國庫金的處理，卽由這銀行行之。不過第二合衆國銀行，卻不及第一合衆國銀行的順利，開始卽受到經濟困難期的餘波，只得到不爲人信用的惡果，當一八三二年發生是否許其繼續設立的問題時，大總統佳克孫卽反對其繼續，至一八三三年政府卽提出其存款，轉存於幾家州立的銀行。

於是國庫金的出納保管，遂由國立銀行轉到州立銀行了。可是以後的經濟狀態，又因種種原因，而有一八三六年投機熱狂的勃興，而有翌年深刻恐慌的襲來，致令國庫受到不少的打擊。於是發生了公款應由公務員管理的的呼聲。終於一八三七年由大總統萬布林（Van Buren）向議會提出了確立獨立國庫制度的議案。

這一議案雖然在當時沒有得到議會的承認；但至一八四〇年通過之後，卻實行了這提案的一部分；到了一八四一年，又歸於廢止了。直至一八四六年因許多爭論的結果，終於議會上通過了國立國庫案。在這國立國庫制度之下，政府的資金由其自己保管，設總國庫於華盛頓，設副國庫於各都市，從此以後，國庫纔離開金融市場而獨立。

並且這種制度，從下列三方面看來，確又資助了貨幣制度的改善。即（一）絕對的使用正貨之後，豐富了鑄貨的存在，並且對於銀行劵的需要，也因而減低；（二）納稅及其對於政府的繳款概用正貨之後，要使銀行準備多額的正貨；（三）政府不到銀行存款以後，銀行便不能如從前大量的發行銀行劵。政府的這種金屬貨幣政策，確於駕御銀行及統制通貨的效用上具有很大的力量。

國庫是獨立了，然在他方面，卻又忽視了財政與經濟的關係，還是不能得到永久的良策，因爲在獨立國庫制度之下死藏了正貨，即阻塞了金融機關的發達，不能理解歲出歲入這莫大的收支究於金融市場具有若何關係，而且依照獨立國庫制度，募集國債須由政府自行辦理；而同時關於國庫金的出納又常委之於銀行，於是銀行也就難於統制了。

這樣的獨立國庫制度，固然可以資助通貨制度的改善，卻於統制金融方面不能夠有改善的希望。這種偏破的情形，不是終能並存的，當南北戰爭勃發的時候，雖已踏到與銀行聯絡的一步；但是嚴格的說來，直至一九一三年合流到聯邦準備制度為止，這獨立國庫制度還是沒有根本的變化。不過就好的方面說，惟其與金融界分開，所以當一八五八年恐慌的時候，儘管依着私的銀行業務而存在的州財政發生了混亂情形；而聯邦財政還能得着免除困難的便利。

綜合以上二節所述看來，可知美國金融狀態在這個時代的改善，即在以確立交換介媒手段，為其根本的努力。但在另一方面，如在南部需要資本的 plantation 所有者，如西部的農業債務者階級及東部金融市場中的債務者，他們卻都不願意統制發行通貨，不願意健全貨幣信用；反而歡迎通貨膨脹，盼望有能供給價低而豐富的通貨這種銀行機關。如果要同時樹立這兩種相反的對策，當然不可能在這相反而相剋之中，對於貨幣制度及金融機關的確立與整備，對於國庫制度的樹立，雖是向着曲折形的路道進行的而其結果，卻在這個時代的末期理解了健全通貨及改善銀行業務的原則。

（註一）Dewey, pp.144—145; Bogart, p. 371

（註二）Bogart, p.375, p. 377.

第三節　負債整理問題與財政制度

聯邦政府還有一個當前的困難問題，就在如何淸償負債。爲了革命，以致聯邦政府及各州都負了巨額的內外債，而這些負債，卻歸聯邦政府一併承受了。如何處理這些負債，當然對於債權者有極大的影響。

因此，當時的財政部長哈米爾登對於整理負債一事，不能不出以愼重的態度，乃於一七九〇年發表了一件「關於公債的報告書」。但是對於這報告書卻起了爭論。關於外債方面（依照哈米爾登的計算，本利共達一一、七一〇、千美元），倒是沒有問題，在償還期間應當淸償這一點，意見都能一致有問題的就是內債（依照哈米爾登的計算合計本利及其他各項共達四二、四一三、千美元。）（註一）這內債的大部分，當然是在革命戰爭中用掉的。

這些內債，大都具有通常的借入形式；不過有一部是當做貨幣的媒介物而流通，其價額便低落下去了。於是發生了種種問題：究竟應當根據甚麼標準來償付？還是照現在所有人的額而來償付？抑是低於額面以下來償付？這都是爭論之點。若照哈米爾登的報告書看來，他是主張應當全額償付的。他認為減價償付，是破壞了契約，侵害了購入者的正當權利。

這一問題，在議會中便成了論爭的中心，認為哈米爾登提案僅是保護投機業者的反對意見，也明白表示出來了。這種反對意見，也是有理由的，因為哈米爾登的報告書一經發表以後，證券即刻就騰貴起來了。總之哈米爾登的提案被採用時，確於證券投機業者的利益有莫大的保證；而大量的證券，又多集中於北部沿岸地方比較的少數人之手，所以哈米爾登的政策，顯然對於證券資本家作了很大的貢獻。

哈米爾登及其贊同者不僅對於聯邦負債是這樣主張，而且注意到各邦的戰債。依照一七八九年的憲法，各州一經合併於聯邦以後，便帶來了許多的負債，聯邦應否承受這些負債？即發生了問題，哈米爾登是主張承受的；然而也有頑強的反對者。其贊否之分，確由於各州的情形不同而使然。

以人口爲比率，南部各州的負債，當然較北部各州爲少（但南卡羅來納卻是負債最多的一州。）而且南部各州，有許多已將戰債的一部分攤爲課稅或拒絕償付而銷除了；但在沒有銷除的各州，爲其利益計，即不能不要求聯邦承受了。

在這種情形之下，哈米爾登與代表反對意見的傑發孫作政治交涉的結果，終以自一八〇〇年以後永久由聯邦政府投資於婆陀馬克爲條件，得到弗基尼阿的投票，成功了州債由聯邦承受的主張。茲就各州負債之受聯邦認可承受者與實際承受者列表於下(註二)：

州別	認可承受額	實際承受額
新罕普什爾	美元 三〇〇、〇〇〇	二八二、五九六
馬薩諸塞	四、〇〇〇、〇〇〇	三、九八一、七三三

羅德島	二〇〇、〇〇〇	二〇〇、〇〇〇
科內提卡特	一、六〇〇、〇〇〇	一、六〇〇、〇〇〇
紐約	一、二〇〇、〇〇〇	一、一八三、七一七
紐佳錫	八〇〇、〇〇〇	六九五、二〇三
賓夕法尼亞	二、二〇〇、〇〇〇	七七七、九八三
德拉瓦	二〇〇、〇〇〇	五九、一六二
馬利蘭	八〇〇、〇〇〇	五一七、四九一
弗基尼阿	三、五〇〇、〇〇〇	二、九三四、四一六
北卡羅來納	二、四〇〇、〇〇〇	一、七九三、八〇四
南卡羅來納	四、〇〇〇、〇〇〇	三、九九九、六五一
佐治亞	三〇〇、〇〇〇	二四六、〇三〇
合計	二一、五〇〇、〇〇〇	一八、二七一、七八六

就當時人口多在南部大西洋岸地方（幾佔半數）看來，南部各州在人口的比率上，是比較

的負債很少或者幾等於沒有；但在北部各州如馬薩諸塞及其他各地，在其人口的比率上，卻負債很多了，所以發生了反對由聯邦承受的主張。而且州債也要聯邦負擔，則聯邦於其內外債約五千四百萬美元以外，又要添加一千八百萬美元的州債了。

償還這樣的負債，終於根據了一七九〇年八月所通過的基金法（Funding Act），纔能實現。依這基金法的規定，凡是證券所有人得將所有的證券加上累積的利息之後，換取聯邦政府同額的新證券，對於原本的利率至一八〇〇爲止，便成爲百分之四，以後便成爲百分之六；而對於累積利息所表現的證券利率，則成爲百分之三。

哈米爾登的意圖，是想再建國家的信用，維持證券的價值。而其結果，便建立了少數持有證券極有勢力的資本家階級，且其影響所及，便造成了利於現存政治形勢與政黨支配的事態。從這一觀點來看，可說「龐大而永久的政府負債，即造成了對於革命的保障與對於聯邦派（federalist party）的福利」（註三）。在這基金法中，既有任何證券皆不得於一年之中償付其額面的百分之二以上的規定，即所以表示負債要永久化。

圍繞着合衆國憲法的問題，有兩種抗爭，一種就是希望建立強有力的中央政府（哈米爾登的政策就是這樣）；另一種就是反對有這強有力的中央政府憲法之能成立，正所以表現「重大的妥協精神」。但是中央政府的組織，必然要表現政治活動的強大，必然要增加行政上的支出。舉凡貨幣制度的確立，金融機關的整備，以及整理負債等等，都能直接或間接伸張中央政府的權力，而同時正足以增加政府的支出。於是問題又移到財政方面來了。

當州債轉嫁到聯邦的時候，傑發孫一派之所以要反抗的，就是由於他們理解了承受州債的結果，不外要課租稅，施行課稅權，就是強大中央政府的權力這一點。但是增加歲入之後，政治是否得能活躍？這確是對於中央政府權力的一個重要試金石。

聯邦政府的關稅法，是於一七八九年通過後施行的；但是僅靠這種收入，當然不够政府的支出，非增加收入不可，於是哈米爾登終於擴大了輸入稅，課加了消費稅。

哈米爾登在先是想對酒課加消費稅的；可是因爲有的地方酒成了日用品，若要特別課稅，即無異對於生活必需品增加負擔，所以招來了反對。但是聯邦政府支出的增加，必然要求收入的增加，終於一七九一年三月在議會上通過了下列的議案：（一）、對於用糖蜜砂糖及其他外國原料所釀造的酒精（例如 Rum 酒），其一加侖的課稅爲一一到三〇生脫，（二）、對於用國產原料所釀造的酒精（例如 Whisky），其一加侖的課稅則爲九到二五生脫。

對於這種課稅的反抗，非常強烈，一八九四年，竟陷入內亂狀態之中，於是華盛頓不得不動員一萬五千軍隊去鎭壓。在這騷擾狀態中，當然要減少其稅收，因之租稅的體系，就要擴充起來。依一七九四年六月的法律，舉凡對於搬運，一定飲料水的販賣，蠟燭的製造，砂糖的製造及拍賣，都要課稅了。

關於直接稅的體系，在當時還沒有建立；但依一七九八年七月的法律，卻已設定了直接稅。舉凡對於住宅、土地，以及二十歲到五十歲的奴隸，皆須課稅，卽其實例。這直接稅的收入，預定共爲二、〇〇〇千美元，其中住宅稅爲一、三一五千美元，土地稅爲四五七千美元，奴隸稅（每人五十生脫）爲二二八千美元，合計如上數。但其實際上的收入，以後經過三年之久，還不過達到預定額百分之八十。

此後財政制度的基礎，也就在各種的反對與困難中而逐漸建立起來。

在財政制度建立的初期，歲入的大部分，是靠關稅收入，而國內稅的收入也不很少。然當西漸運動時代，關於國內租稅體系，卻只有一少部分，實以關稅爲重要財源。而且在歲入中大可注意的現象，尤在政府靠發賣土地以爲財源這一點。如本編第一章第一節所述，政府發賣土地到一八二〇年爲止，都是本於財政的目的，惟因最低發賣面積過於廣大，反令發賣的成績不良，以致發賣土地的收入也很少；及後與西漸運動的步調相合時，將最低面積及地價降低的結果，土地發賣纔有異常的進展，當一八三六年時，土地發賣竟達於最高額，較之關稅的收入爲多，以至於占歲入的百分之四九。可是這種土地發賣的收入，到了西漸運動一經終結以後，即喪失了它的重要性。

計自一七九一年到一八六一年，在這七十年之間的歲入，約高十倍，而在這期間的最高年度如一八五六年，竟約高十七倍。這種歲入，除發賣土地以外，其大部分都是關稅的收入，由這事實看來，即可證明美國在這一期間中的財政制度是如何依存於大衆課稅，且如何強行關稅政策了。

歲入部分之所以有那樣的增大，當然是由於歲出部分的增加而來。計自一七九一年到一八六一年爲止，其歲入約高二十二倍，而其最高支出年度如一八五八年（七三、九百百萬美元），竟約高二十五倍。茲以每隔五年的統計表，列示如左，以明其財政情形。（註四）

年次	歲入：關稅	土地發買	其他共合計	歲出合計	剩餘或不足（一）
一七九一	四、三		四、四	三、〇	一、四
一七九六	六、五		八、三	五、七	二、六
一八〇一	一〇、七		一二、九	九、三	三、六
一八〇六	一四、六		一五、五	九、四	六、一
一八一一	一三、三		一四、四	八、一	六、三
一八一六	三六、三	一、七	四七、六	三一、一	一六、五
一八二一	一三、〇	一、二	一四、五	一五、八	（一）一、三
一八二六	二三、三	一、三	二五、二	一七、〇	八、二
一八三一	二四、二	三、二	二八、五	一五、二	一三、三
一八三六	二三、四	二四、八	五〇、八	三〇、八	二〇、〇

一八四一	一四、四	一、三	一六、八	二六、四	(一)九、六
一八四六	二六、七	二、六	二九、六	二七、二	二、四
一八五一	四九、〇	二、三	五二、五	四七、七	四、八
一八五六	六四、〇	八、九	七四、〇	六八、七	五、三
一八六一	三九、五	〇、八	四一、四	六六、六	(一)二五、二

備考(一)單位百萬美元，(二)一七九一年，實際上是兩年分。(三)一七九一年到一八一一年的土地發賣，是包含在合計中(四)國內消費稅是從一七九二年加在合計中，直接稅是從一八〇〇年加在合計中。

最後，要就美國在這一期間中的財政是以何種支出爲主要點來考察，確是很有趣味的概括言之，其財政上前後不變的最大壓力就是軍事費。因軍費所舉的公債，就其付息一項而言，可說占了衞星的地位。財政上這樣的支出狀態，當然是由於聯邦財政上的原因。各州的財政原因，除了軍事負擔及公債負擔之外，只有在文化的支出方面纔有可能。總而言之，聯邦財政的軍事性，確成了不可掩蔽的事實。茲特列表於下，以明其眞相。(註五)

年次	歲出合計	軍事費 金額	軍事費 百分比	公債利息 金額	公債利息 百分比	以上百分比合計
一七九一	三·○	○·六	二○·○%	一·一	三三·三	五三·三
一七九六	五·七	一·五	二六·三	三·二	五六·一	八二·四
一八○一	九·三	三·七	三九·八	四·四	四七·三	八七·一
一八○六	九·四	二·八	二九·八	三·三	三五·一	六四·九
一八一一	八·一	三·九	四八·一	二·五	三○·九	七九·○
一八一六	三一·一	一九·九	六四·○	七·八	二五·一	八九·一
一八二一	一五·八	七·七	四八·七	五·一	三二·三	八一·○
一八二六	一七·○	八·一	四七·六	三·九	二二·九	七○·五
一八三一	一五·二	八·六	五六·六	一·三	八·六	六五·二
一八三六	三○·八	一七·五	五六·八	—		五六·八
一八四一	二六·四	一四·八	五六·一	○·二	○·八	五六·九
一八四六	二七·二	一六·八	六一·八	○·八	二·九	六四·七

一八五一	四七・七	二一・〇	四四・〇	三・六	七・五	五一・五
一八五六	六八・七	三一・〇	四五・一	一・九	二・八	四七・九
一八六一	六六・六	三五・三	三五・〇	四・〇	六・〇	五九・〇

(註一)Dewey, pp. 89—90

(註二)Ibid, p. 93.

(註三)Shannon, p. 334.

(註四)Dewey, pp.110—112,123—126,141—142,168—170,246—247,267—269.

(註五)同前項

第四章　對外貿易的趨勢

獨立革命後的合衆國，其對外貿易，最爲重要，且與英國的關係，常處於極困難的狀態中。所謂合衆國的獨立，卽指脫出英帝國的圈外而言，因爲英帝國向以對於各外國所行的貿易統制，同樣的對付合衆國，所以合衆國有擺脫之必要。加之西班牙、葡萄牙、法蘭西、荷蘭等國向來對於殖民地的美洲是採取敵對的通商制度，所以又要受他們的不良的影響。這種影響，幸而包含在英帝國的通商網之中，受到相當的補償。及至這些國家又在新的形態上建立通商政策以後，這種補償，也就早已不能存在了。

及至美國獨立後，不久卽乘歐洲大陸戰亂的機會，脫離英帝國的羈絆，而成爲中心國，因之享受了特殊的利益。

當美國新政府建立時，適逢法國大革命勃發，且於一七九三年又有英法戰爭發生，逐漸擴大，其後二十年之間雖稍中斷一時；然而歐洲全土卻已化爲戰場了因而站在中立國立場的美國，遂獲漁人之利，在交戰國相互間及其殖民地間的海運上，迅速的活躍起來。

美國此時的對外貿易，固然有戰爭中的海上危險；卻能非常的擴張，就其輸出入的總額看來，在一七九〇年爲四三、二百萬美元，在一七九四年爲五七、六百萬美元，及至一八〇一年，則增加到二〇四、四百萬美元了。然至一八〇二年一時的回復和平，交戰國能夠從事貿易時，美國的貿易便跌落下去，以後歐洲再陷入交戰狀態時，美國的對外貿易，又繼活躍起來。

然而從事於交戰國的貿易，卻也有限得很，在一七九六年以後，經由美國再輸出的外貨，簡直與國內產品的輸出相匹敵。而在一七九八年一七九九年一八〇〇年及一八〇五年一八〇六年一八〇七年一八〇八年的各年中，外貨的再輸出，竟超過了國產的輸出（參照後列的統計表）。

美國的對外貿易伸張以後，其船舶噸數也要隨之而增加，在一七九〇年爲三四六千噸；而在一八〇七年，則增加到八四八千噸有餘，於是美國便成了僅次於英國而居世界第二的商船所有國了。因此美國的造船業，也要發達起來，計自一七九八年至一八一二年之間，美國製造的船舶，竟有三十萬噸以上的出賣於海外。在歐洲大陸的戰亂中，除了海運業及造船業受了良好的影響之外；美國的農產物更好提供於歐洲市場，如小麥粉、肉類、棉花及羊毛等物，都是大量的輸出於歐洲。

美國對外貿易的伸張，以後卻因聯合國方面及法國方面對於中立國的貿易發出了種種禁令，而受一大打擊，以致一八〇八以後，逐漸降落下去。

首先法國即根據一七七八年的條約，主張美國有對抗英國援助法國的義務。然因華盛頓發表了中立宣言（一七九三年）之後，法國即恨其不誠意，料定只有戰爭可講，沒有宣言可表，於是彼此皆進行敵對行爲的準備，停止交易上的關係，而且實際上的作戰，多在公海上面，所有海上貿易，也就不得不歸於停頓。及至拿破崙即位掌握大權以後，因其希望和平，以致一八〇〇年的糾紛，纔得着一時的彌縫。然不久握海上霸權的英國，即對法國實行海上的封鎖，依一八〇四年的勅令所規定，從俄斯登德（Ostend）到桑河（Seine）的法國諸港，遂受其封鎖，至一八〇六年，更擴大其封鎖範圍，從挨爾培（Elbe）河到布勒斯特（Brest）的諸港，亦受其封鎖，並規定任何船舶皆須進入英國港口，繳納關稅，否則即不得與法國或其同盟國通商。這樣一來，中立國的船舶，即有許多被其捕獲。法國爲對抗英國起見，也於一八〇六年發出柏林（Berlin）命令，對英國諸港實行了海上封鎖。及至一八〇七年英國更進一步對於法國及其殖民地並其同盟國實行擴大的封鎖；法國亦於同年發出米蘭（Milan）命令，宣言捕獲航行於英國或其殖民地的船舶。從此，美國以其唯一重要的中立國資格，在從事於海上運送的關係上，當然要受這些勅令及命令的最大的打擊。

傑發孫想令歐洲各國困於飢餓，主張中立國的權利，於一八〇七年制定了輸出禁止法（Embargo Act），禁止美國船舶航行於外國；不過這輸出禁止卻影響了對外貿易，計自一八〇七到一八〇八年這一年間的輸出，已從一億八百三十萬美元，銳減到二千二百四十萬美元了。其中受打擊最深的，尤其是新英格蘭及紐約。因此對於輸出禁止法，終於起了激烈的反對，傑發孫亦不得不表示讓步，於該法制定後的第十四個月，卽行撤回。替代這個法令的，就是一八〇九年所制定的單對英法兩國及其屬地的通商禁止法（Non-intercourse Act）。這法令又於一八一〇年歸於廢止，並對於以前通商所加的一切限制，以法令明示其無效。但規定英法兩國如有命令妨害美國的海運業時，通商禁止法還是對其有效。以後法國的封鎖命令是由拿破崙廢棄了，而英國則不然，所以美國船舶依然多爲英國所捕獲。因此美國的通商禁止法，也就單獨要對英國而復活。在這種情勢之下，美國終於一八一二年六月向英宣戰了，因這戰爭之故，以致美國的對外貿易達於最低度，其一八一四年的輸出僅六、九百萬美元，其輸入亦僅一、三百萬美元。計自一八〇八年到一八一四年爲止，其對外貿易，的確受到很大的痛苦，從此美國的經濟活動的分野，遂逐漸由對外貿易轉向到製造工業及開發西部的方面來了。

一八一二年的戰爭（又叫做第二次獨立戰爭），於一八一四年締結和約之後，即告終結，隨後在歐洲市場被拒絕而蓄積的英國貨品，便即刻投賣到美國的市場，因而美國的輸入額，即於一八一五年一躍而達一一三百萬美元，第二年竟又增加到一四七、一百萬美元。但在輸出方面，卻沒有輸入方面那樣增加的程度，一八一五年不過是五二、六百萬美元，第二年也不過是八一、九百萬美元，其結果，遂招來了非常的入超。可是這種輸入的增大，以後又因一八一九年美國的恐慌及其繼續的不景氣而殺其勢；而且在歐洲戰亂中美國向歐洲極有利的歐貨再輸出，也因歐洲恢復和平而不能再來。又加以歐洲戰亂中對於海外所需求的大宗的小麥及小麥粉，復因一八一五年英國頒布了穀物法，而令美國的小麥及其麵粉又要爲英國所拒絕，只有棉花爲其主要的輸出品。

此外，又因輸入爲自己的保護關稅所壓抑，而輸出亦爲歐洲各國報復的高額關稅所壓抑，所以直到一八三〇年爲止，美國的對外貿易，遂長陷於不振的狀態中。幸於一八三〇年因有多額的海外借款，及對於國內交通設施的外國投資，並關稅率的降低等事由，纔使輸入額逐漸上昇，輸出方面雖不能與輸入額等量齊觀，也能表現其回復的趨勢，就其一八三六年的對外貿易總額看來，已達三億美元以上，竟打破了向來的記錄。此後也因一八三七年的恐慌及繼續的不景氣而使貿易額又見減少；可是到了一八四五年以後，卻又轉好了，尤其是一八五〇年以後的十年間，其對外貿易大見伸張，又打破了向來的記錄，其於一八六〇年的輸入額爲三五三、六百萬美元，其輸出額爲三三三、六百萬美元，總計其貿易額，則已共達六八七、二百萬美元了。茲就上述情形，列舉歷年的統計表於次。（註一）

一七九〇年至一八六〇年美國對外貿易的趨勢（單位百萬美元）

年次	輸入		輸出		
	國內消費用	總額	純輸出	再輸出	總額
一七九〇	二二、五	二三、〇	一九、七	〇、五	二〇、二
一七九四	二八、一	三四、六	二六、五	六、五	二三、〇
一七九五	六一、三	六九、八	三九、五	八、五	四八、〇
一八〇〇	五二、一	九一、二	三一、八	三九、一	七一、〇
一八〇一	六四、八	一一一、四	四六、四	四六、六	九三、〇
一八〇二	四〇、五	七六、三	三六、二	三五、八	七二、〇
一八〇三	五一、一	六四、七	四二、二	一三、六	五五、八
一八〇四	四八、八	八五、〇	四一、五	三六、二	七七、七
一八〇五	六七、四	一二〇、六	四二、四	五三、二	九五、六
一八〇六	六九、一	一二九、四	四一、三	六〇、三	一〇一、五
一八〇七	七八、九	一三八、五	四八、七	五九、六	一〇八、三

一八〇八	四四、〇	五七、〇	九、四	一三、〇	二二、四
一八〇九	三八、六	五九、四	三一、四	二〇、八	五二、二
一八一〇	六一、〇	八五、四	四二、四	二四、四	六六、八
一八一一	三七、四	五三、四	四五、三	一六、〇	六一、三
一八一二	六八、五	七七、〇	三〇、〇	八、五	三八、五
一八一三	一九、二	二二、〇	二五、〇	二、八	二七、九
一八一四	一二、九	一三、〇	六、八	、一	六、九
一八一五	一〇六、四	一一三、〇	四六、〇	六、六	五二、六
一八一六	一三〇、〇	一四七、一	六四、八	一七、一	八一、九
一八一七	七九、九	九九、三	六八、三	一九、四	八七、七
一八一八	一〇二、四	一二一、八	七三、九	一九、四	九三、三
一八一九	六七、九	八七、一	五一、〇	一九、二	七〇、一
一八二〇	五六、五	七四、五	五一、七	一八、〇	六九、七
一八二一	四三、七	五四、五	四三、七	一〇、八	五四、五

一八二五	六六、四	九〇、二	六六、九	二三、八	九〇、七
一八二六	五七、七	七八、一	五二、四	二〇、四	七二、九
一八三〇	八二、八	九五、九	五九、二	一三、一	七二、三
一八三二	八三、四	一〇一、二	七〇、〇	一七、六	八七、五
一八三三	一二二、〇	一三六、八	一〇〇、五	一四、八	一一五、二
一八三六	一五八、八	一七六、六	一〇六、六	一七、八	一二四、三
一八三八	八六、六	九六、〇	九五、六	九、四	一〇五、〇
一八三九	一四五、九	一五六、五	一〇一、六	一〇、六	一一二、三
一八四〇	八六、三	九八、三	一一一、七	一二、〇	一二三、七
一八四一	一一四、八	一二三、〇	一〇三、六	八、二	一一一、八
一八四二	八八、〇	九六、一	九一、八	八、一	九九、九
一八四五	一〇五、六	一一三、二	九八、五	七、六	一〇六、〇
一八四六	一一〇、〇	一一七、九	一〇一、七	七、九	一〇九、六
一八五〇	一六四、〇	一七三、五	一三四、九	九、五	一四四、四

一八五五	二三一、六	二五七、八	一九二、八	二六、二	二一九、〇
一八六〇	三三六、三	三五三、六	三一六、二	一七、三	三三三、六

這時代貿易品的構成狀態，從合衆國實業的性質上來觀察，卽可理解。其主要的輸出品，就是原料品食糧品；其主要的輸入品，就是製造品。尤其是原料品，因其本國工業成長需要增加而加速生產之故，所以還有剩餘的供給外國市場。計自一八二〇年到一八六〇年間，其原料品的輸出竟占總輸出額過半數以上。但是用爲直接消費的製造品，其輸出額還是比較的少。玆就一八六〇年輸出品的構成種類列表於下。（註二）

	金額	百分比
棉花	一九一、八〇七	六〇·七
小麥粉	一五、四四八	四·九
小麥	四、〇七七	一·三
肉產物	一四、二二四	四·五

穀類	三、三一二	一・〇
煙草	一九、二九〇	六・一
木材	六、四一四	二・〇
船舶需要品	四、〇〇〇	一・三
製造品	四八、四五三	一五・三
雜品	五、二一七	二・九
合計	三一六、二四二	一〇〇・〇

如上表所載，棉花已占了輸出總額的半數以上。此外，煙草與米，則爲南部的輸出品，由北部中部輸出的，則爲小麥、小麥粉、玉蜀黍、羊毛、皮革、船舶用料等物。其輸出品的銷納地，實以英國爲第一位，而對於棉花的銷納，尤居最高位，他如食料品，亦於一八四六年撤廢穀物法以後，大爲增加。其次的銷納地，就是法國、德國、荷蘭、西班牙等國，總計向歐洲各國輸出的，約占全輸出額的百分之七七（一八六〇年）。其對於西印度諸島的貿易，在這一時代中，卻比較的失掉了重要性。至若輸入方

面製造工業品實居總輸入額的半數以上，而其主要的都是來自歐洲各國，計自歐洲輸入過來的總額，約占其總輸入額的百分之六十（一八六〇年）。其餘的輸入品大部分爲食料品，實由北美南美及東洋等地而來。

在這對外貿易的狀態中，卻使美國逐漸能够變爲完成品的自給國，並且在本國工業上，也能逐漸使用多量的材料。

最後，概觀美國在這一時代中的貿易時，可知商品的輸入已超過其輸出，而其原因，即由於從海外投來了多額的資本而使然。至若能與入超相抵銷的，尚有海運的收入與加利福尼亞（California）產金的輸出這兩種。

（註一）Shannon, p. 204, p. 214, p. 218.

（註二）依照 Ibid, p. 218. 算出。

第五章　農業發展及奴隸制度

第一節　農業地域的分化

當獨立革命時，人口約有五分之四是從事於農業的，以後整個西漸運動時代，農業簡直可以代表美國主要的經濟利益。在這時代的初期，農業原是專以自給自足為中心；及至末期，卻由自給自足經濟移轉到市場方面來了。而同時所應注意的，就是生產物地域的分化益加明瞭，在南部是以栽種棉花為主，在西部則以食料品的生產及畜產為主，以供給於南部，而在東部則已轉向到製造工業方面來了。

在這一時代中，農業已有很大的進步，而其原因，要不外：（一）具有廣大的處女地，（二）農具及運輸機關有繼續的發明及改進，（三）農業者階級的品性素質比較的優良，（四）各種農事教育設施，比較的完備。

這些原因，當然可以促令農業的發展，就當時的發展形態，概括言之，要不外：（一）開發人普遍的趨於農耕化（二）栽種棉花非常興盛，（三）開墾西方的新農耕地，（四）許多發明傳來之後，大有助於農業革命的完成。

原來西漸運動的主要目的，就在農耕地的獲得及擴充，西漸運動對於農業上給與了重大的影響，可說是當然的結果。而處女地之豐富，尤於美洲農業大勢的指示上，給與很強的影響。其農耕方法，在初固然仍舊蹈襲陳規，以略奪農業爲依據（尤其是新開的西部地方是這樣）；可是到了新的方法逐漸採用以後，卻展開了新的農業狀態。

在一八三〇年以前，農業上還是使用那專用人力而且很簡單很幼稚的工具；以後纔逐漸使用節省人力的機械，及至一八六〇年以後，農業亦趨於革命化，已由專用人力的農耕法，一變而爲以使用動物爲主了。

在農具上最重要的發明，首推一八一九武德（Wood）受專賣特許的鋼鐵鋤，直至一八三〇年，尚爲一般人所使用。其後又有鐵製有齒的馬耙在一八四〇年前後爲一般人所使用。而在農業機械改良中居重要之一的還有馬戈密克（McCormick）的刈取機，其在一八三一年的時候使用於小麥的生產上，確有成功的實證，其後又有用動物力的刈取機，在一八五四以後爲一般人所使用。他如脫穀機發明後，更爲便利。使用這些改良農具的結果，依一八六〇年的國勢調查看來，勞動費用竟減到從前一半以下。

特別宜於使用這些機械的，就是新開地，因爲農耕地急速的擴充以後，勢必勞動力的供給，大感不足，爲要節省勞動力，自須採用機械，採用機械的效果，自令農耕地得到急速發展的普遍利益。他如農產物市場的成長與生產手段的改良，對於農業生產方法及生產的貯藏乃至於品種與畜產各方面，而尤足以促進其改良。

要之，十九世紀前半期，可謂農業上的轉換時代，已促進了農業生產之地域的分化。所以僅就全國某種典型的農業，或僅就這一期間某一地方的典型的農業來描寫，這是不够的；終非就各地方各於農業上所生的變化加以考察不可。

（一）西部農業

西部農業地域，是沿着廣汎豐沃的密西西比河流域一帶。一六三〇年以前，沿這河流及其支流有森林的部分，大都採行先驅者的農業（pioneer farming）（又名略奪農業，十七八世紀在大西洋沿岸地帶也是一樣），以後又有所謂大草原農業（prairie farming），頗爲發達；然仍以自給自足爲主，專從事於穀物及家畜的生產。及至河川及運河的交通發達後，穀物及肉類，纔有輸出的可能。然在當時的西部農業，一般所採行的方法，依然是略奪農業，無所謂施肥與輪年改種，都是一年只種作一次。其結果，徒令豐富廣大的土地，不克急於採用科學的農作法，並助長了土地投機業者的跋扈，阻礙了農業一般的進步。但在另一方面，又因勞動力的稀貴，不得不力求節省之故，而促令採用了農業機械。這以節省勞力爲目的而採用農業機械，其功效可與南部農業所採用的攪花機相比照。因在西部一帶廣大平坦很少石塊的大草原（prairie）地域上，最宜於使用農業機械，所以西部農業便由此導入於進步的道路中。

（二）東部農業

獨立革命後二十五年間，新英格蘭及中部大西洋沿岸地方的農業，尙無何等改良與進步，依然如殖民時代以自給自足爲主。及至一八一〇年以後，（一）因東部（尤其是新英格蘭）製造工業的發達，（二）因東部與西部運輸交通的開發，以致東部農業，發生了很大的轉變。首先卽因製造工業的發達而發達的都市（在新英格蘭一萬人口以上的都市，一八一〇年只有三處；及至一八六〇年，則增加到二十五處），便對於農產物提供了新的市場，而使東部農業帶着商品生產的性質，尤其是野菜園藝及牛酪農業，有特別的發展。在這發展中，更因改善道路，開發伊利運河，敷設鐵道等等運輸交通手段的發達，而助長其發達。因此，東部的農業，竟至於大受西部農業的壓迫，不得不將牧羊及其他牧畜業由新英格蘭移到俄亥俄，而小麥生產的中心，也由紐約移到伊利那。於是東部的農業，只好轉換到野菜園藝及牛酪業等有利的特殊部門之中。

（三） 南部農業

南部農業中的經濟革命，較之西部農業更深刻，而且受了很大的影響。原來南部農業在殖民時代，卽已進到商品生產的領域中，如煙草（爲弗基尼阿及馬利蘭所栽種）米與藍（皆爲南卡羅來納所栽種）這三大主要農作物，都是在 plantation 制之下而經營栽種的；及至以後，監的生產減少，煙草栽種不振，遂有另求新的主要農作物之必要。終因對於棉花的需要很大，以致栽種棉花成了南部農業的中心。

在初因爲棉花的生產尤其是除去棉子及其不純淨物極感困難，而且需要相當的經費，所以很少栽種，或竟不栽種；及至一七六〇年以後，因於纖維工業中有了發明，並有其他各種的發明，以致美國的纖維工業得到飛躍的發達，就其從事於木綿紡織的勞動者數量看來，在一七六〇年只有七千九百人，而在一七八七年，則已急增到三十二萬。因此對於原料方面的棉花的需要，當然要急速的增加起來。尤其因有魏特尼（Eli Whitney）發明了攪花機，容易除去棉子及其不純淨物之故，而使栽種海島棉（Sea island cotton）（自從一七八六年輸入後，已在南部海岸地帶栽種了）及南部一帶的大陸棉（upland cotton），成爲極有利的生產。從此栽種棉花的數量，大形激增，簡直成了南部的主要農作物，而且是美國最有價值的輸出品，竟於一八〇三年，駕於煙草輸出額之上，以後還是繼續占美國輸出農產物的主位。

栽種棉花，因其方法粗笨，因其是一年種的農作物，所以必然要有無限的土地，在這種關係上，遂於以後五十年當中，加快了西漸運動的速度，而將栽種棉花的中心，逐漸移動於西方。同時又因栽種棉花的粗笨性，而與奴隸勞動形成密切的連繫，所以南部的農業，直到以後廢除奴隸爲止，不能得到何等的改良。這樣看來，棉花在一方面是代表了南部主要的經濟利益，同時他方面，確又促進了西漸運動，強化了奴隸制度，這幾點對於美國的社會經濟史實給與了重大的影響。

在這時代中，棉花生產增加的飛躍狀態，茲特列表於次以明之。(註)

自一七九〇年至一八六〇年棉花的生產及輸出（每年平均單位千鎊）

	生產額	輸出額
一七九〇年	一、五〇〇	—
一七九六——一八〇〇年	一八、二〇〇	八、九九三
一八〇六——一八一〇年	八〇、四〇〇	五二、五〇七
一八一六——一八二〇年	一四一、二〇〇	九一、一四四

一八二六——一八三〇年	三〇七、二四四	二五四、五四八
一八三六——一八四〇年	六一七、三〇六	五一三、三一五
一八四六——一八五〇年	九七九、六九〇	七二九、五二四
一八五六——一八六〇年	一、七四九、四九七	一、三八三、七一一

南部農業中次於棉花的，就是煙草。在殖民時代，煙草原是南部最重要的產物，直至一八〇年為止，還是保持其主要地位；及到一八五〇年，其生產額，卻於事實上處於停止狀態。在以後十年間的生產額，除了原來的弗基尼阿、馬利蘭、北卡羅來納以外，又加上肯塔基、田納西、科內提卡特、馬薩諸塞等煙草栽種地的新開發而加了一倍，當南北戰爭時，美國又成為世界最大的煙草生產國，就其一八六〇年的生產額看來，竟達四億二千九百萬鎊。

又次於煙草的農產物，就是穀米，多為南卡羅來納、佐治亞等濕地所栽種，其於一八五〇年的生產額，實已增加到二一五百萬噸；以後纔逐漸減少。當其栽種時，因為要往返使用一塊小地域，要使用相當的肥料，又要使用墾熟了的土地，所以在南部的農業中，能夠採用最科學的農作方法。

他如路易斯安那（Louisiana）的甘蔗與肯塔基的大麻，都是一個地方的主要農作物。

（註）Bogart, p. 303.

第二節　奴隸制度

獨立革命以前，從人道的經濟的理由上出發，對於奴隸貿易的限制，原是成了問題的，英國反對其限制，而爲美洲殖民地所不滿的情形，已在前面說過了。及至獨立政府成立後，奴隸貿易雖未至於完全廢除；卻已加了某種程度上的限制，而且基於經濟的理由，尤有停止之必要。

原來奴隸制度，是殖民時代爲補勞動力的不足，爲維持 plantation 制而發展的；及至獨立革命後，因爲奴隸勞動的不經濟，尤其因爲煙草栽種地的消滅，因受白人勞動者的壓迫，以致一七七七年爲威爾滿（Vermont）所廢除，一八八〇年爲馬薩諸塞所廢除，其他各州也逐漸歸於廢除了；而且一八〇四年，在德拉瓦以北的各州，並以奴隸制度爲不法（只有方法上的不同）。即如南部地方，除了南卡羅來納及佐治亞栽種穀米的地帶以外，許多有力者沒有不對奴隸廢止表示贊同的。及至以後十年間，除佐治亞外，如德拉瓦、馬利蘭、弗基尼阿、南北卡羅來納等南部各州，都禁止了奴隸的輸入。不過南部的這種態度，以後卻因攪花機的發明而令栽種棉花至於發達時，又轉換了方向。

在殖民地時代的美國，其採用奴隸制度，原與栽種棉花沒有何等關係，這確是事實；但在西漸運動時代栽種棉花至於發展的時候（即由於一七九三年攪花機發明後，栽種大陸棉極爲有利，而且南部一帶又宜於種棉），正在衰頹中的奴隸制度，卻因此而又有了新生命，以後約經半世紀之久，實於經濟上有了它的存在理由。爲什麽奴隸制度要依棉花生產的發展而擴大？這由種棉地帶卽有奴隸集中的事實，便可說明這個疑問。一八四〇年在美國的奴隸人口有三分之二以上，更於一八六〇年約四分之三，是居住於南部種棉地帶的。（註）

年次	南部全生產額	棉花生產額	奴隸數	一個奴隸的全生產額
一八〇〇	一四、三八五	五、二五二	八九三	一六、一〇
一八一〇	二八、二五五	一五、一〇八	一、一九一	一九、五〇

一八二〇	三七、九三四	二六、三〇九	一、五四三	二四、六三
一八三〇	四五、二二五	三四、〇八四	二、〇〇九	三三、〇〇
一八四〇	九二、二九二	七四、六四〇	二、四八七	三七、一一
一八五〇	一三〇、五五六	一〇一、三三四	三、一七九	四三、五一
一八五一	一六五、〇八四	一三七、三一五	三、二〇〇	五一、九〇

在初，棉花原由白人小自耕農去栽種的；及對棉花的需要增大時，纔於大規模的plantation制之下，加速的利用黑奴的勞動力。因爲（一）種棉極簡單，其計畫管理皆由plantation的所有者或其代理監督人所擔任，勞動者只用簡單的農具，做極簡單的工作，所以宜於使用愚昧的黑奴。（二）種棉簡直是整年都要勞動的，而且一年之中每月都要同一數量的勞動者，所以使用奴隸，不能說是不經濟。（三）當種棉時，其勞動的指導極容易，所以能夠大規模的使用勞動力。除此之外，尚須注意當時的南部之所以能夠有利的使用奴隸，是由於具備了下列的兩種條件：即（四）因爲南部在這時代中能夠從西部取得食料品，從東部取得製造工業品，所以纔能專心努力種棉。

而更重要的條件則爲（五）奴隸制度要能够行之而有利，原來要有豐富而價廉的土地，而且要是粗笨農業纔有可能。就栽種煙草說，固然也能具備前列條件，採取使用奴隸的 plantation 制；但就當時情形看來，只是消耗了土地，土地早已沒有使用奴隸的利益了。反之，就宜於種棉的南部一帶說，其未開闢的土地是非常的多，實在充分的具備了這種條件。而且因爲種棉是粗笨農業，並對於土地的消耗很大，所以種棉發展的結果，必然要離去既耕地，向未開發的西方移動，因此又促進了南部的西漸運動，這是値得注意的。既然在以獲得價廉的新土地爲奴隸勞動的 plantation 制成功必要條件的關係上，如果不能進行土地的開發，不能獲得價廉的新土地，則奴隸制必然不能行之而有利。所以美國在西漸運動發展之後，奴隸制隨即因純經濟的事由而歸於廢止，其廢止的經過中亦曾停頓過；但卒經南北戰爭這一政治的過程而完全廢止了。

以奴隸制度的存廢爲中心的南北戰爭，經四年之久的結果，終歸北軍勝利，解放了奴隸，這是最顯著的史事。不過在初北部並不是全體都反對奴隸制度；南部也不是全體都贊成奴隸制度，反而南部倒有許多人期待奴隸制度的廢止。

反奴隸制的運動，在初大都是反對奴隸制度的擴大，主張漸進的解放。及至一八三〇年，贊否的對立，纔激烈起來。在南部也有許多人尤其是自耕農認識奴隸制度的弊害；但其反對的機運，卻於一八三〇年以後歸於消滅了。此中原因，卽由於南卡羅來納所領導的反關稅運動，已明示南北兩部間根本上有了經濟的對立；又加以北部反對奴隸制度的論者，對於南部漸露出了嚴重批判的態度，所以南部的人們對於奴隸制度，不期而轉取防禦的乃至積極贊成的態度。

北部反奴隸制的運動，在初不過僅反對在新領域中擴大奴隸制度，這只是政治的反對運動；到了以後，纔逐漸進而主張奴隸制度卽時廢除論，終於完成了解放奴隸的大運動。

（註）Simons, p. 232.

第三節　南部的階級分化

由奴隸勞動所收的種棉利益，僅令極少數的人富有了，所有南部中白人人口的大多數，都不能均霑其利益；而且奴隸的勞動，也不能減輕，只有加重。所以南部在當時已確立了社會層的分化狀態。

（一）　奴隸所有者

屬於這一種的人，於一八六〇年南部白人總人口八百萬中，僅占〇・〇五%。並且在這奴隸所有者中又可分爲二階層，卽大 plantation 所有者與僅有少數奴隸的人。前一種人，就是南部的政治及社會的支配者。在一八五〇年，奴隸所有者三四七千餘人中，所有五個奴隸以下的人只有半數，所有十個奴隸的人，只有四分之一。（註一）

一八五〇年各種奴隸所有者數

所有奴隸一人以下者	六八、八二〇
五人以下者	一〇五、六八三
十人以下者	八〇、七六五
二十人以下者	五四、五九五
五十人以下者	二九、七三三

一百人以下者	六、一九六
二百人以下者	一、四七九
三百人以下者	一八七
五百人以下者	五六
千人以下者	九
千人以上者	二
奴隸所有者總數	三四七、五二五

（二） 沒有奴隸的白人

這一類的白人，可以分爲三個階層：（一）、商人及自由職業者。這一種人對於奴隸制度及奴隸所有者是表示好意的，可與奴隸所有者階級作同一的看待。（二）、小自耕農。這一種人因 plantation 的壓迫，離開了最好的土地，不得不退到山地及其他不豐沃的土地，他們對於奴隸制是有很強的敵意的。（三）、就是「貧困的白人」。這種人在數量上雖不占多數；但居在 plantation 之間，甚至爲奴隸所輕視，而淪入專以漁臘爲生的悲慘境況中。其所以不能得到適當的職業的，卽由於受了極低廉的奴隸勞動的壓迫。因而奴隸制度，便令白人勞動者陷於貧困。

（三） 黑奴

當時南部地方，自由的黑人是沒有的，都是在監督者苛酷的鞭韃之下，當做動物一樣的奴隸去驅使。在前一時代的奴隸制（除栽種穀物地帶之外），大都是在封建關係及親權關係之下而存在的；及至踏入這一時代以後，這種關係很稀薄了，簡直專在經濟的顧慮之下，將奴隸看做了單純的財產，可以和商品一樣的去買賣。

南部雖富於天然的資源，如煤炭與鐵鑛的埋藏量都很多，且富於木料及水力；但在這一時代，南部的生產活動，卻僅集中於少數主要農作物（尤其是棉花）的經營；對於製造工業及鑛業可說全無發展。因爲這些產業，不是使用奴隸勞動所能經營的，如果奴隸制度繼續下去，這些產業將不能與自由勞動及資本發生密切的關係，所以南部關於財富的生產，要遲於其他的地方。如一八五七年美國的財富增加額三、七三六百萬美元之中，北部的農工業部分，卽有二、八一八百萬美元（占十分之七・五）；又同年北部各州個人財產總額，已達一〇、九五七百萬美元；然在南部地方，卻只有五、二〇二百萬美元，這可說是當然的結果。南部的工商業，在奴隸制度未廢止以前，終陷於停頓狀態中。（註二）

（註一）Simons, p. 229.

（註二）Bogart, p. 448, p. 472.

第六章　工業及關稅並勞動問題

第一節　美國的產業革命

美國爲着反抗英國的殖民政策，爲着減卻依賴英國的經濟關係，便於獨立革命時採取着「非買同盟」的對付方法，因之來自英國的奢侈品的輸入額遂減少約三分之一，而使國內的家內工業不得不在這種情形之下逐漸發達起來。加以獨立革命的本身，因有軍需品的需要，對外貿易的停頓，以及紙幣政策下的物價高漲等情形，在在皆於國內工業給與了積極的影響，而尤以鋼鐵業及纖維工業並其他必需品製造工業爲最顯著。其在鋼鐵業方面，因受了一七五〇年的法令的壓迫，不得不令其擺脫英國的約束，而於造槍及造釘等方面有可驚的發達。又在纖維工業方面，其生產過程，亦漸由向以家庭消費爲目的而生產的階段，進到以市場爲目的的階段（不過依然是家內工業）。他如對於紙張、火藥陶器、皮革、帽子等物的製造，亦大有起色。不過這些幼稚的工業，多於獨立成功後，仍然備受英國廉價製品的壓迫，而漸歸於消滅，畢竟美國國民雖因獨立革命完成了政治上的獨立；而於工業上還是同於殖民時代，繼續依存於英國，可說革命以後，實於美國的工業發展上，不能成爲一個轉換期，一直到一八一六爲止，其製造工業的方向，依然爲外國所左右。所以要就美國工業發展的初期階段中所具的特徵而言，多具有下列的性質：

（一）需要最緊急的工業。例如受獨立戰爭的刺戟的製鐵製鋼製槍等軍需工業，即屬此類，而製槍工業，尤以馬薩諸塞及北卡羅來納爲最活躍。

（二）基於原料最豐富的工業。例如製粉及纖維工業，即屬此類。

（三）生產工程上不必要巨大的機械設施或熟鍊的工業。例如製紙、陶器、皮革、帽子等小規模的生產，即屬此類。

然而從此以後，美國的製造工業，漸因下列種種事由而得到發展了。即（一）自一八一六年以後於保護關稅政策之下對於海運及通商缺少投資餘地的資本家，轉向到製造工業方面來了。

（註一）（二）具有豐富的燃料及原料，（三）節省勞力的機械相繼的發明及採用。（四）西漸運動的結果，以致國內市場逐漸擴大。（五）英國穀物條令的廢止（一八四六年）。（六）因於加利佛尼亞發現金鑛後（一八四九年），以致經濟界頓形活躍。

就這一時代美國工業發展的大勢而言，固然會由家內工業推進到工場工業（此等工業當然有並存狀態）；但其推進中的發展過程，卻又不能與一七六〇年從英國開始的產業革命及其他歐洲各國的發展過程同一看待。關於這一點，賽門志有下面的說明：「美國的產業發展，在當初是沒有受到傳統及習慣的封建制度的阻礙，而能勇敢的踏到了有其特徵的新道路。若就英國的毛織工業而言，原分為數種過程，各在不同的場所去工作，例如梳毛、紡毛、織染等工作，各有其獨立的一部門，各有其獨立的工場所有者、實業組織及分配的組織，這種分業至採行工廠制度後，依然存在。但在美國卻不然，像英國的分業情形，美國在當初即已一齊掃除，其全部過程，是作為生產活動的一部分，在同一工廠與同一管理之下去經營。」

這種生產過程集中的原因，除其沒有傳統等阻礙原因以外，還有其他原因，即由於當時美國需要劃一的粗布，比較英國及他國製造高等纖維工業品的製造工業，更要多用機械力（例如輝特尼於一七九三年發明攪棉機以後，需要價廉的原料及機械，自會加多）。此外，關於操作之不必要特別熟鍊，以及嫌惡生產過程分化中搬運費之負擔過重，也是要考察的原因。總之，美國的製造工程之集中，不僅是經濟的，而且促進了工廠制的發展。

美國工廠制的誕生，是起於一七八九年在羅德島的保塔開特（Pawtucket）地方由斯拉特（Samuel Slater）（稱爲美國製造工業之父）創設的阿克來式（Arkwright）紡績工廠之出現。不過要說眞正確立工廠制的第一步階段，還在十九世紀初葉的輸出禁止期，纔有纖維工業的分野。因爲一八〇六年的輸出禁止令實施後，卽決定了美國工業上「殖民地時代的終結」，打開了「國民的組織的工業發展的端緒」。此後，在南北戰爭時，其工廠制不僅在纖維工業方面有顯著的發展，而且金屬工業及木料工業等方面也有同樣的發展。

據工業調查報告所載，（註三）從事於五〇〇美元以上生產額的製造工業人數，在一八二〇年爲三四九千人，在一八四〇年則增加到七九一千人，在一八六〇年又增加到一、三一一千人，簡直加了四倍之多。又就生產額看來，在一八四〇年爲四八三、二七八千美元，而在一八六〇年則飛增到一、八八五、八六一千美元。

然則足令工業得到這樣發展的資金，究竟是怎樣調度的呢？關於這一點，如果說是完全依靠銀行業務的發展而來的信用機能，這是不夠的；還有個人資本的蓄積，居了主要的任務。且在某種場合，也有商店以其商業上的利潤投向工業方面來圖發展的，也有與鄰近的人相團結，形成公司的組織而從事經營的。尤其是當時的商人們爲創設工廠而投資的更多，如菲列得爾菲亞的商人們，多在西部投資於鉛工廠及造船所等工業，卽其實例。這種傾向，尤其在一八一二年戰爭中輸入減少時代，更爲顯著。由此可以看到商業資本爲着擁護其利潤的獲得，固然找着了蓄積資本的用途；但在結果上，卻由此引上了實業革命之途。如前述海運資本投向到工業資本的轉化，卽其推移的過程。美國實業革命的遂行，一方面可以說是由於商業資本的援助，得了物質上的基礎；他方面也可說是由於政府以關稅政策或資本的援助，得了指導上的利益。就後一種援助而言，如第一及第二合衆國銀行之設立，對於這一點確有重要的意義，政府的確盡了援助資金的能事。當一八一二年戰爭以後，竟有許多人盼望設立政府所有及政府經營的工廠，並希望政府對於製造工業應以無利息的借款相融通。陸軍部爲了適應這無利借款的要求，竟於承造軍需品的契約中，訂出先貸資金於承造人的規定。他如政府對於運河公司股份之擔任，以及對於道路、運河、鐵道等建設公司之融通資金，皆爲金融援助的表現。

政府以這金融的援助促令企業發達的方策，其重要意義，即在國家對於產業的發展，要居指導的地位，所以以後美國的重要實業，皆納於政府統制之下，而至於構成了「美國式自由主義」的特殊性。

政府對於實業方面所盡的使命，除了上述的資金援助以外，尙於關稅政策上表現了重要性，關於這一點，候在下節詳論之。

(註一)製造工業其所以特別在海運業中心地的波士頓與紐約之間這東北地方發達的，即由於獲了大利的船舶所有者，以其蓄積的資本投到製造工業方面的原因。

(註二)Simons, pp. 105—6.

(註三)Lippincott and Tucker, p. 257.

第二節　關稅政策的施展

當考察這一時代工業發展過程的時候，應當要顧到關稅制度的推移。固然美國有豐富的原料，有廣大的國內市場，卽令沒有保護關稅的援助，也能令其工業有大企業化的可能；但其關稅制度，乃是美國社會經濟史上的重大事項，不僅促進了工業的發達，而且分化了地方的差異。美國最初的關稅法，是在一七八九年施行的，其大部分的稅率不過是百分之五到最高百分之一五的低率，而且是專以財政收入爲目的；沒有保護政策的色彩。

及至一七九一年，財政部長哈米爾登起草了一件關於製造工業的報告書。這一報告書的內容，一方面爲了國家的安全與獨立力逃國家財政應當均衡與實業分化的原則，一方面又反對亞丹斯密的自由貿易論，主張由保護關稅來助長製造工業。後因當時議會的態度，重視農業及商業，寧肯輸入海外的價賤的製製工業品，以致其提議不能具體化。但其對於保護關稅富有組織的提案，卻於以後美國的關稅史上發生很大的影響。他在這一報告書中，曾舉出了當時已經發達而應當保護的物品，計有十七種，如皮革、鐵器具、纖維工業品、陶器、酒類、紙、帽子、石油、砂糖、磁器、車輛、煙草、火藥等是。

因有輸出禁止令及一八一二年的戰爭，以致美國於一八〇七年至一八一四年之間，漸由本國從事生產向由英國輸入的製品，如紡績、木棉、毛織、製鐵、製造玻璃、製造金屬器具等工業，皆極盛行，且在戰爭時因有政府對於劃一製品的大量購入，更大有助於這些製造工業的發展。但至一八一四年媾和以後，英國爲要維持其國內的物價，不得不行「傾賣商略」，以致英國的廉價製品大量的輸到美國。當一八一四年美國對外總輸入額只有一三百萬美元；及至一八一六年卻一躍而增加到一四七百萬美元，美國工業因此受到很大的打擊，而尤以纖維工業爲最甚。再加以美國的農產物爲歐洲市場所拒絕，於是保護本國製造工業及發展國內市場的要求，不得不熱烈起來。當一八一六年的時候，財政部長達拉斯遂應議會的要求，起草關稅法，並附帶提出了報告書。這報告書中分製造工業爲三種：第一種爲足供全國消費的工業製品，舉凡木器、車輛、鋼、帽子、毛皮、皮革、鑄鐵、陶器、窗子、玻璃、紙等皆屬之。第二種爲雖不能供全國消費而可由適當的發達足供一部分之用的工業製品（最近發達的），舉凡粗棉布、羊毛製品大部的鐵製品、白蠟、明礬、酒類、及以銅錫眞鍮爲材料的製品等皆屬之。第三種爲尙未製造全靠外國供給的工業製品，舉凡高等纖維工業品、汗衫、小金屬器具、陶磁器、窗子玻璃以外的玻璃等物皆屬之。達拉斯主張對於第一種的物品，課以能够防止外國競爭的高額關稅，主張對於第二種的物品則課以較低的保護關稅，主張對於第三種物品的關稅則應完全從財政收入的見地而定之。一八一六年的一般關稅法，就是根據這一主張制定的，其對於前列第一種的物品，從價課以百分之三〇的保護稅，對於特受英國威脅的纖維工業品，則課以百分之二五的保護稅。美國的保護關稅政策，便從此確立了。以後的關稅法，亦繼續多帶保護主義的色彩。

一八一八年的關稅法，爲要對抗來自瑞典及英國的輸入，對於製鐵工業更加保護。對於棉花及羊毛的關稅，又於一八二六年規定課以百分之二五。在此所應注意的事項，即在戰爭時代國家主義的勢力漸減的時候，基於實業的不同，開始發生了地方的爭執。就西部的農業者而言，因其受了一八一九年以來蕭條的影響，要開發其所生產的食料品、大麻、羊毛、亞麻等原料品的國內市場，便發生了保護國內工業的主張。但在南部種棉地帶，卻因英國爲其最大市場，所以要反對保護主義。他如新英格蘭的商業關係，依然比工業爲重，因之也有反對的傾向。固然新英格蘭的纖維工業家也盼望提高關稅，小工廠加多的羅德島與科內提卡特等地也有保護主義的傾向；但在當時作保護政策運動最強的地方，還是西部與中部的各州。

當此開發國內市場與保護關稅主義這兩問題的論爭大爲發展時，便發生了一八二〇年的關稅法案。這一法案，原是爲要提高各種關稅而提出的（尤以羊毛、綿製品、鐵及大麻爲最甚）。可是因有各地方的利害關係之不同，對這法案卻起了激烈的抗爭：如南部地方的聯盟反對，確較一八一六年更爲緊密。新英格蘭則呈贊否的分裂狀態。然在科內提卡特及羅德島等地，以其處於製造業者統制之下，當然是贊成的。至若馬薩諸塞，則贊否不定。這種對立的情形，是以各地方產業的利害爲中心而發生的，其結果，竟因新英格蘭不能堅持其贊成的態度而告分裂之後，這法案不幸以其一票之差，而不能通過於參議院。

對這法案的意見之對立，一方面可以由此知道地方的利害是有怎樣的衝突；同時他方面又由這利害的對立而成爲引起以後南北戰爭的因素。

在一八二〇年的法案中，既對於代表製造工業者利益的保護主義者不能貫徹其主張，他們自然要繼續的抗爭下去。

自一八二四年對於關稅實行改正以後，保護的物類大爲擴充，且關稅率亦平均從百分之三五提高到百分之四〇，但是對於這種改正，又因地方的利害關係而發生抗爭。其在西部及中部各州的贊否，爲八六對九，當然是贊成的居多數；反之，在南部及西南部的贊否則爲六對七〇，卻是反對的居大多數。他若新英格蘭，則爲贊否各半（製造業者贊成，船主及商人反對）。

一八二八年的關稅法，因與下次大總統選舉的政略相混淆，而有「醜關稅」(tariff of abominations）之稱。其稅率平均爲百分之四四，可爲這一時代中的最高水準。及至一八三一年的關稅法施行後，纔又緩和到一八二四年的程度，但在南部看來還不滿足，尤其是因棉價低落大感苦惱的南卡羅來納，竟至於制定了關稅無效令（nullification ordinance）而開叛亂的端緒，於是一八三三年有所謂妥協關稅法(compromise tariff)的制定，規定以後十年間繼續遞減到皆爲百分之二〇的稅率。及至一八四二年遞減期滿時，又不能不制定保護主義的新關稅法；以致再又回到一八三二年的水準（其稅率平均約百分之三五）。

一八四六年在民主黨的政權之下，由當時的財政部長起草而以財政收入為主要目的的關稅法，雖受新英格蘭及中部各州的反對；卒因南部及西部的贊成而通過。只對於羊毛及鑄鐵，課以重稅。繼而又因一八四六年以後的景氣，為着充實國庫，以致一八五七年的關稅法，沒有受到大反對（南部西部及新英格蘭贊成，中部贊否各半）而得以施行，從此以後稅率便平均低落到百分之五，並且自由物品的種類也擴大了。但其保護主義，還是沒有放棄的。及至一八五七年的恐慌後，輸入減少，同時政府的收入也減少，致令國庫大受影響，於是一八六一年的關稅，再又提高到一八四六年的水準。

美國關稅對其製造工業的發展，究竟收了若何程度的效果？因事態複雜，頗難精確的說明。不過與其說「美國製造工業的成長，保護關稅不能為其最重要的原因」；不如說在這時代的初期，保關護稅之於工業有相當的助力，這卻是不能否認的。而且因關稅而令地方的利害關係不調和，而強化其對立的事實也是値到充分的注意的。

由這經濟利害的對立，又發生了具有共同利害的集團，而引起政黨的分裂。如傑發孫時代的舊民主共和黨組織，卽因經過了一八二八年的對立與抗爭而完全歸於分裂，佳克孫主義者使採用民主黨(Democrats)的名義，亞丹斯雷克派便集合其殘餘分子，而組成了國民共和黨(National Republicans)。共和黨是維持關稅提高的原則，強調擴充國內市場的，能爲西部及東部所擁護。然在民主黨方面，卻沒有共和黨那種確定的主義與主張，不能與統一的政策相融合，其擁護者，也有佳克孫的勢力，及對於保護主義沒有利益的南部。但在以保護主義爲福音的西部如賓夕法尼亞及紐約各地，卻有許多是保護主義的擁護者。

這兩黨自一八二八年以來，遂以關稅問題作了政治鬬爭的材料。

關於關稅政策的發展，若就輸入品所課的平均關稅率觀之，則如左表，由此可知初期所帶的保護主義的色彩是怎樣的濃厚了。(註)

年次	百分比	備考
一八二一(1)	三五·六	
一八二二	三一·七	
一八二三	三二·七	
一八二四	三七·五	提高
一八二五	三七·一	
一八二六	三四·六	
一八二七	四一·三	
一八二八	三九·三	提高
一八二九	四四·三	
一八三〇	四八·八	
一八三一	四〇·八	
一八三二	三三·八	減低
一八三三	三一·九	妥協關稅

一八三四	三二·六	
一八三五	三六·〇	
一八三六	三一·六	
一八三七	二五·三	
一八三八	三七·八	
一八三九	二九·九	
一八四〇	二〇·四	
一八四一	三二·二	
一八四二	二三·一	提高
一八四三	三五·七	
一八四四	三五·一	
一八四五	三二·五	
一八四六	二六·五	減低
一八四七	二二·五	

一八四八	二四・〇	
一八四九	二三・〇	
一八五〇	二五・二	
一八五一	二六・〇	
一八五二	二六・〇	
一八五三	二五・〇	
一八五四	二三・五	
一八五五	二三・〇	
一八五六	二五・〇	
一八五七(2)		減低
一八五八	二〇・〇	
一八五九	一九・〇	
一八六〇	一九・〇	
一八六一	一八・一	提高

（備考）（1）表示那比較可能的最初年次。　（2）表示平均率不明。

（註）Dewey, pp. 189, 238, 252, 263.

第三節　工業的發展（尤其是木棉工業）

因爲國內市場的擴大；幾次戰爭的影響；實業革命的進行；國家保育政策的採用等原因，而使工業得到顯著的發展，尤其是木棉工業的發展，更可認爲產業革命的動力。而其生產過程中（從原料供給到製品）接連所發生的問題，又往往成爲政治的對象。在這一意義上，實有考察其發展情形之必要。

在獨立革命以前，一切纖維的製品，都是專用手工製成的。及至一七七四年以後，英國的紡績機械雖然屢經禁止其輸出；但在一七七五年，卻有哈爾格利夫斯（Hargreaves）式的紡織機出現於美國，又於一七八六年能够製造阿克來式的紡織機，更於一七九三年由輝特尼發明了攪棉機。這些機械被採用以後，關於纖維品的製造，逐漸脫離了手工，並且不在家庭工作，而到工廠去工作。就木棉紡績工廠的發展而言，其在一八〇〇年，尙只有八個工廠，錠數亦在二萬錠以下；及至受了輸出禁止的影響以後，在一八一〇年，其工廠數則增加到二六九所，其錠數亦增加到八萬七千之多。且自一八一四年使用力織機以後，向在家庭用手織的部分，也移到機械化的工廠去了。計自一八二四以來，木棉紡績實已踏入改良而且進步的過程。由下列統計表看來，即可知其大概。（註一）

木棉工業

年次	企業數	資本（單位千美元）	勞工人數（單位千人）	錠數（單位千）	棉消費額（單位千鎊）	生產額（單位千美元）
一八三〇	七九五	四〇、六一五	六二	一、二四七	七七、七五七	二六、〇〇〇
一八四〇	一、二四〇	五一、一〇二	七二	二、二八五	一一八、五〇〇	四六、三五〇
一八五〇	一、〇七四	七六、〇三三	九五	三、六三四	二七二、五二七	六五、五〇二
一八六〇	一、〇九一	九八、五八五	一二二	五、二三六	四二二、七〇五	一一五、六八二

自一八三〇年到一八六〇年的木棉工業，顯然是由機械與生產技術的進步而發展的。其生產效力愈加高，則其勞動愈強化，經營規模愈擴大，因而引起了勞動運動的發生。

依右表數字看來，在一八三〇年每一企業的資本只有五一千美元，其錠數只有一、五千錠；及至一八六〇年每一企業的資本則增加到九〇千美元，其錠數則增加到四、八千錠，從這錠數方面而言其經營的規模，在這一期間中，實已發展到三倍。又從勞動效率方面而言，在一八三〇年，勞動者每千人所分配的錠數，只有二〇、一千錠，其對木棉消費額，也只有一、二五七、五千鎊；及至一八六〇年勞動者每千人所分配的錠數則為四二、九千錠，其對木棉消費額則為三、八七四、四千鎊，從這木棉消費的能力而言，亦已發展到三倍。然從勞動者方面而言，在這一期間中增加的數量，卻沒有到二倍，並且每一勞動者單位所增加的錠數也只有二倍。由此看來，可知當時的勞動技術是由強制而增加其效率，已極明顯。

這樣發展的木棉工業，在這期間的末期，若就各地方而言，有如左表。即此可知新英格蘭是占最高的地位。（註二）

一八六〇年各地木棉工業狀況

地域	工廠數	棉花消費量（單位千磅）	錠數（單位千）	生產額（單位千美元）
新英格蘭	五七〇	二八三、七〇〇	三、八〇〇	七九、四〇〇
中部大西洋沿岸地方	三四〇	八七、一〇〇	一、〇〇〇	二六、五〇〇
南部地方	一五九	四三、九〇〇	三〇〇	八、一〇〇
西部地方	三二	七、九〇〇	四〇	一、六〇〇
計	一、一〇一	四二二、六〇〇	五、二〇〇	一一五、六〇〇

據上表看來，可知新英格蘭及中部地方的木棉工業，在美國實具有確定的重要性，這些地方之所以主張保護主義，也就可以理解了。但在南部地方的木棉工業，卻比較的少而且還有一重要事由，卽在木棉工業部門所能消費的原料棉花，還沒有占其生產的重要部分，就其一八六〇年棉花輸出額看來，已達一九一、八〇七千美元（註三）；然其同年的木棉工業的生產額（包括原料費，加工費及利潤），卻只有一一五、六〇〇千美元。這就是表現南部各州在其木棉工業的發展上，還有依存於外國之處，恐怕強行保護主義之後喪失了市場。

其餘的各種製造工業，也各有相當的發展。玆就一八六〇年超過了二千五百萬美元生產額的部門，舉其發展程度的順序如下：卽製粉業、綿業、木材業、製鐵業、製靴業、被服製造業、皮革製造業、毛織業、機械製造業、精糖業、印刷業、車輛製造業等是。由此看來，可知當時的主要產業多與消費產業相關連；至於純粹的製造工業，則於南北戰爭後，纔有大規模的發展。

玆就這時代的末期已達於製造工業的全般階段的列表如下。(註四)

製造工業的發展（包含木材業及漁業在內）

年次	企業數	資本（單位千美元）	勞工人數（單位千人）	原料消費額（單位千美元）	生產額（單位千美元）
一八五〇	一二三、〇二五	五三三、二四五	九五七	五五五、一二四	一、〇一九、〇一七
一八六〇	一四〇、四三三	一、〇〇九、八五六	一、三一一	一、〇三一、六〇五	一、八八五、八六三

他若產業之集中於某一地方，如新英格蘭爲纖維工業的中心，馬薩諸塞爲綿業及製靴業的中心，以及一八一〇年以後賓夕法尼亞爲製鐵業的中心等情形，當然各有其地域的利害關係。不過要說到工業完全具有地方分化的意義，還在南北戰爭終止運輸機關充分發達以後，纔表現出

來。

（註一）Bogart, p. 413.
（註二）Shannon, p. 261.
（註三）Shannon, p. 218.
（註四）Bogart, p. 415.

第四節　勞動問題

這一時代，往往稱爲美國的實業革命期，在這七十年間，實業上發生了重大的變化，工業技術亦由用人力的工具而進步到用動力的機械，並且逐漸於農業之外，工業亦有很大的進步，這都是事實。不過這種情形，決不能與英國的產業革命作同一的看待，已一再的說過。其不同的原因，即由於（一）美國與英國不同，其勞資雙方的既存利益都不存在，換言之，即因實業進化而應受莫大損耗的既存的固定資本既很少而苦心脩得的熟鍊勞動者又不多。（二）新製造工業的生產物，因西漸運動發達國內市場的結果，令其需要迅速而且容易，竟至於新的發明有不能與勞動相適應之勢；反令勞動力常感缺乏，很容易被吸收。（三）因爲西部富有豐沃而價廉的土地，所以東部製造工業地帶的工資依然要保持其高度；而且勞動者也並不是非隸屬資本家不可的終生工資勞動者。（四）勞動時間，工資、童工婦工的勞動以及衞生設施等就業狀態，也不如當時英國那樣的惡劣。因有上述這些情形，所以美國在這時代的製造工業雖有急速的發達，可以說是實業革命但在思想上終歸不能與英國的實業革命相混同。

就其勞工的工作狀態而言，固然不及當時英國那樣惡劣；但亦不能與現在相比較。其一切職業的勞動時間，都是非常延長，而尤以製造工業爲甚。據說當時羅挨爾（Royol）的紡績工廠一日的勞動時間，平均竟達十二小時十三分，而在中部及南部地方，則達十二小時三十分。

就工資而言，因爲在西部易於獲得價廉的土地，所以不熟鍊勞動者也能在東部工業地帶獲得較高的工資（比當時英國約高五成）。只有農村婦人與移民居多的工廠勞動中，其工資極低；但在工廠制發展很快的關係上，也不至於低到歐洲的水準以下。

美國的勞動運動，在一八二〇年至一八四〇年之間，尚屬於覺醒時代。但在此所要注意的地方，即美國初期的勞動運動，並不是像英國從工廠狀態中發生出來的。因爲當時美國的工廠制，簡直只有木棉工業在採用；而其大部分的勞動者，多爲婦女兒童及無組織的移民，所以當時的工廠，差不多完全在勞動運動的領域之外。當時的勞動問題，可說就是對於有害一般工資勞動者的包工制所發生的抗議。及至一八四〇年所謂傅立葉（Fourier）？式的人道主義時代，所有勞動組合及同盟罷工等運動皆未發生；只有哲學的或人道主義的及政治的抗議。而在實際上作有計畫的運動的，還在一八五〇年以後，從混沌的實驗與改革之中，纔逐漸具有根本意義的勞動組合運動，及至一八五三年，便開始放棄社會的或政治的改革計畫，專門努力於就業狀態的改善。且至一八五二年以後，又與社會改良家廢止奴隸運動相合流，共同奮鬬。

第五節 近代的恐慌之發生

如果要說殖民地時代的經濟情形是資本主義的前期，是發達資本主義經濟的準備，則西漸運動時代的經濟，即可說是資本主義制度的生長與發展的過程。

所謂資本主義的前期，所謂資本主義這種劃分，並不是在其發展過程中（由前期轉入資本主義）能夠劃出一個截然分開的轉換點的任何經濟發展的階段論，都不過是就其支配的現象，分出一個段落而已。美國的資本主義經濟可以就其經濟上種種相聯貫的現象中（如在獨立政府所採用的中央集權政策尤其是貨幣制度統一政策中實業革命的發展中國內市場的擴大中，工廠生產樣式的發展中以及其他生產上的種種補助手段中），看到它的生成與發展。在這發展過程中前資本主義的經濟樣式，例如自由的工資勞動與不自由的奴隸勞動，以及工廠工業生產與家內工業生產等樣式，都是併存的。這種情形確是初期資本主義的主要現象；但在經濟的比重上，這種現象，還是要絕對的或相對的逐漸減少的，或終歸於消失，斷乎不能妨礙資本主義的生成與發展。

美國在其資本主義的發展中，卻現出一個與前不同的特徵：即其周期的經濟恐慌。

在其資本主義經濟發展以前，也發生過恐慌現象。試就美國社會經濟史的發展查閱一下，即可知其在殖民地經濟時代及以後（如一七七七年，一七八四年，一八〇七年），常於商業上發生過沈悶極深刻的現象。可是這些沈悶，都不是由經濟組織的內部原因而生；而是基於革命及戰爭等外部的特殊事由而生，並沒有直接的經濟原因。因此，卽不能以具有近代意義的恐慌稱之。近代的恐慌或資本家的恐慌，乃是隨着資本主義經濟的發展過程而發生的。

具有近代意義的恐慌現象，是從西漸運動收了實效，實業革命的進行有了具體的現實的基礎以後（卽自一八一五年經濟活動很進展的時候）纔開始勃發的。從此以後的經濟活動，遂不斷的伸展，以至於助長了企業的投機。這投機熱一過大，便招來了信用放款的警戒，及生產與消費的不均衡，因此漸由最繁榮期而轉落到最沈悶期，凡在繁榮期中所釀成的經濟的矛盾，都要被恐慌所清算，而又準備以後的發展。

計至一八六〇年爲止，在整個的西漸運動時代，具有上述性質的恐慌，曾經發生過三次。第一次是在一八一九年。卽美國在拿破侖戰爭及一八一二年戰爭中所發展的工業，與在西部地方的土地投機事業，皆因歐洲和平美國喪失了市場與第一合衆國銀行廢止混亂了金融之故，大爲恐慌所破壞。

第二次是在一八三七年。即爲熱狂的建設道路及運河的時代，正當投機熱的高潮期，其恐慌的直接原因，即由於一八三六年政府只准用金銀付款的事件而發生。

第三次的恐慌，是發生於一八五七年。其主要原因，即由於加利福尼亞及澳洲等地發現金鑛而令物價暴漲，以及鉄道投資的固定資本過大之後，所發生的一個反動。質言之，即因一般經濟活動的膨脹，而使金融機構崩壞，結果發生了恐慌現象。

第三編　工業發展時代

第一章　工業的發展

第一節　南北戰爭之經濟的終結

南北戰爭，在政治的，經濟的，社會的種種意義上，可說對於美國的歷史劃了一個轉換期。即以之視爲單純的內亂來研究，也有重要的意義。因爲這一戰爭，就是合衆國建國以來內部蓄積下來的種種矛盾的爆發。從此綜合在新的出發點上向前邁進。

這一南北戰爭，決不是僅以解放奴隸問題爲唯一原因；而是爲要揚棄南北兩地由地理關係及歷史關係所發生的社會的經濟的對立，纔勃發的。奴隸勞動與自由勞動這一個絕對的對立，不過是助成了全面的對立而已。

所以貝亞德便將南北戰爭看做獨立戰爭後第二次的美國革命，且又看做完全變更國民的社會經濟生活的一個社會戰爭。他說：「南北戰爭的根本意義，就是一個社會戰爭，因而建立了政治上的新勢力，構成了階級蓄積並分配了財富，發展了產業，並對舊日的美國憲法起了很多的變化。」這當然是根本之論。（註）就事實看來，這期間所發生的各種變革，對於以後美國的經濟動向及政治動向，的確發生了很強的影響。

首先發生的影響，卽因南北戰爭而促進北部各州工業的大發達，而尤以纖維工業（絲類及毛織物等）及鋼鐵業的發達爲最甚。其所以發達的原因，一方面是由於戰時的需要增加，另一方面卽由於關稅提高，而使工業得能毫無阻礙的發展。就後一點說，在以前政治的勢力上南北兩部保持均衡的時候，南部的大農業者，在新英格蘭的商業利益援助之下，便釀成了關稅減低的機運，一八四六年及一八五七年的關稅法，就是以這目的而制定的。及至南北戰爭的結果，南部的政治勢力失敗後，因戰爭而從事新活動的工業家，卽獲得了提高輸入稅的機會。就平均輸入稅率看來，其在一八五七年只有百分之一九；及至一八六四年，卻提高到百分之四七了。從此北部的製造業者，便成了有力的社會階級，向前發展，這是當然的結果。

其次就是以北部爲主體實施了兩個重要的經濟政策。一卽中央銀行制度的設立；二卽自耕農創定法(Homested Act)的制定。

這些問題，以後是要詳述的。茲且簡單的說說關於中央銀行制度，當南北戰爭時，一方面是因爲要將一千六百有餘那種雜亂的地方銀行劵，換成有確實性及劃一性的通貨來供給國民，他方面又因爲要提供政府的公債市場，所以一經財政部長徹斯(Chase)提案以後，這中央銀行制度，卽行實現。從此州立銀行劵，便因一八六六年禁止以其一成完稅，而在流通市面消滅了。

自耕農創定法法案，向在聯邦議會提出過多次，卒因南部選出的議員反對（因恐維持奴隸制度的各州的政治勢力低下）而不能成立。

及在一八六二年的聯邦議會中（缺少南部選出的議員，）經由共和黨的提案，終於制定了自耕農創定法。只要是事實上居住五年的移居人，卽可於不超過一百六十英畝的範圍，無償的發給土地。這種規定便成了以後政府處理公有地的確定政策。並且從軍於北軍中的人們如果不能在他處找到職業，即可根據這法令去作自耕農的生活。

由上述種種經濟情形歸結下來的重要事項；當然是奴隸制度的廢止。本來奴隸制度，已令莫大的資本多在奴隸身上固定了，以當時約四百萬的奴隸計算，其固定資本即爲二十億美元。所以南北戰爭的結果便解放了奴隸。

可是奴隸爲其主人解放以後，卻又成了「社會的奴隸，」從此離開了以前的勞動管束，而墮入到無家無土地的勞苦不堪的階級。

因解放了奴隸，而使南部的栽種業者在其財產上受到莫大的損失；加以對於南部戰時政府的債權，又因憲法第十四條的改正，不能取償，以致受了二重的損失，於是南部貴族的大農業者的地位，便現出了大破綻。

(註) Charles Beard and Mary Beard, N. Y. 1927, vol. II, pp. 52–53.

第二節　工業發展概觀

自南北戰爭以至今日美國經濟發展的特徵，即在工業的發展，所以這裏把這一時代統稱爲工業化時代。

一八一二年戰爭後發生的工廠制，至一八六〇年時便逐漸生長，至南北戰爭時而有很快的發展，以後的發展更快。當一八五〇年時，一般的製造工業，大部分還是在家庭內或小工場內作小規模的經營。即在一八八〇年時，美國實業的中心，還是在農業方面。但據一八九〇年的國勢調查看來，工業生產額，竟高農業生產額的三倍。以後美國實業的中心，還是繼續的從農業移到工業，到了二十世紀的時候，美國已完全具備了工業國的名實。加之以後又因歐洲大戰，更有了飛躍的發展。

茲就西漸運動末期的製造工業發展情形，列表於下(註)

製造工業的發達

年次	企業數(單位千)	平均勞工數(單位千)	資本(單位百萬美元)	原料價格(單位百萬美元)	生產額(單位百萬美元)
一八四九	一二三	九五八	五三三	五五五	一、〇一九
一八五九	一四〇	一、三一一	一、〇一〇	一、〇三二	一、八八六

一八六九	二五二	二、〇五四	二、一一八	一、九九一	四、二三二
一八七九	二五四	二、七三三	二、七九〇	三、三九七	五、三七〇
一八八九	三五五	四、二五二	六、五二五	五、一六二	九、三七二
一八九九	五一二	五、三一七	九、八三五	七、三四四	一三、〇一四
一八九九	二〇八	四、七一三	八、九七五	六、五七六	一一、四〇七
一九〇九	二六八	六、六一五	一八、四二八	一二、一四三	二〇、六七六
一九一九	二一四	八、九九〇	四四、五七〇	三六、二八九	六一、七三七

（備考）一八五〇年至一九〇〇年的統計，除工廠制工業之外，還包括手工業及建築業。一九〇〇年以後，僅為工廠制工業。

右列的統計表，是以一九〇〇為界線，因為算出的基礎不同，所以比較困難。不過就一八九九年度看來，因為兩種基礎中（參照備考）的數字加高了，所以儘管複雜，而在同一基礎上去改算是可能的。換言之，即把一八五九年改做只有工廠制工業的基礎來算，則一八五九年的生產額，即可推定為六五三百萬美元。因之只就工廠制工業來算，自一八五九年以後到一八九九年，約膨脹

到七倍，及至一九〇九年，則膨脹到十二倍半，又至歐洲大戰後的一九一九年，實已膨脹到三十七倍以上，

又就這一期間的人口增加情形而言，如果這樣比算：即最初四十年間加二・三倍，又過五十年加三倍，又過六十年年加三・四倍，又過七十年加四倍，由此看來，工業生產之有飛躍的增加，已極明瞭。

美國工業的進展情形，畢竟非農業所能及。就進入今世紀後的生產狀態比較看來，在農業方面，至一九二九年爲止，不過增加到百分之四二・五；但在工業部門，則已增加到百分之二〇五・二。而對於工業發展供給主要原料的鑛業，則又增加到百分之二四八・九。茲列表如左。

生產指數

年次	農業	鑛業	工業	合成指數
一九〇〇	一〇〇、〇	一〇〇、〇	一〇〇、〇	一〇〇、〇
一九〇五	一〇〇、四	一五二、八	一四二、六	一二八、一
一九一〇	一〇六、一	一九一、二	一六〇、四	一四三、七

一九一五	一一七、七	二二〇、一	一八六、一	一六四、五
一九二〇	一二七、二	二六七、六	二一九、二	一九三、七
一九二五	一三七、二	三〇四、一	二七〇、六	二三八、九
一九二九	一四二、五	三四八、九	三〇五、二	二七一、四
一九三〇	一四四、二	三〇一、六	二四三、七	二二六、二

一九三〇年美國的製造工業品，已占了國內消費總額百分之九六，確是足夠自給了。

究竟能夠使其工業得到這樣發展的根本原因何在呢？其第一原因，卽由於出自天然資源（如農產林產鑛）的工業原料豐富，所以富有水力及煤炭煤油等動力的源泉。其第二原因，卽由於運輸交通機關的發達，對於開發天然資源及擴大國內市場都有很大的幫助。第三原因，卽由於人口的自然增加，以及因移入民在實業上（如消費產業及農業）的轉變而使勞動力的供給增加。第四原因，卽由於勞動力之不足與實業上傳統性的缺乏，而使節省勞力的機械，在特許制度的保護之下，大爲發明；且對於新發明的機械而又採用很迅速，也是一個重要原因。關於這一點，波昂教授有下列一段的說明，其說明雖涉及於美國實業一般的發展，卻可作爲很好的引證。

「美國實業發展之決定的原因，是在美國國民的生活態度。離開歐洲舊地方移到美國新地方的人數，在一八二〇年至一九二八年之間，共達三八百萬之多。他們離開了過去習慣的生活態度之後，便在美國造成了一種合於科學合於經濟的前進心理。」（註三）

美國卻與墨西哥祕魯諸國不同，在實業上沒有可供利用的土著民，非輸入勞力不可。可是輸入勞力的費用是很大的。就是奴隸的勞力除不能適用於豐沃的土地以外，也幷不低廉，這在北部的殖民者看來，確是很難受的事件，因此爲節省人力而研究技術的要求，早已推動了北部的人們，令其心理上不能不懷有爭先發明以資應用的情緒，以適應其生活上的要求。且在其所希望的速度上去開發國土，即令有大量的移民流入，還感勞力的不足，既有了廣大的領域，自然發生了大規模的生產，於是使用機械，遂成爲極有利的事件。又加以容易獲得無償的土地，以及開發中所需用的新工作之加多，常令工資提高不可抑止，在許多重要產業中因工資繼續增高之苦，常使美國的企業家不得不用機械去代替人力。於是美國的實業，遂益加趨於資本化。

就一個雇傭勞動者在資本家資本中所占的成分看來，在一八四九年只爲五六〇美元，及至一九一九年則增爲五、〇〇〇美元，又就一個工業勞動者算作機械的馬力而言，其在一九一四年至一九二九年之間，則自三·三高到四·五。其一年的平均生產額在一九〇〇年爲一、六〇〇美元；至一九一九年則增爲七、五〇〇美元。其生產額對於資本投資的比率在一八九〇年至一九一九年之間，則已由一、〇四進到一、四了。

這樣高的工資也可說是美國實業發展的原動力，因爲它一方面促成了採用機械的普遍化；同時他方面又排除了不堪給付高工資的產業。

所以在這一時代各工業部門的重要性，決不是不變的。其因時代的前進而發生的變動，可由下列的統計知其一般。（註四）

各主要工業的變遷（生產額單位爲百萬美元）

順位	一八六〇年		一九〇〇年		一九二五年	
		生產額		生產額		生產額
第一位	製粉	二四八、五	製鐵鋼	八〇四	自動車	三一九、八

第二位	綿製品	一一五、七	屠宰	七九〇	製鐵鋼	二九四、六
第三位	製材	一〇四、九	鑄鐵與機械	六四五	製煤油	二三七、七
第四位	製靴	九一、八	製材	五六七	鑄鐵與機械	二二三、三
第五位	鑄鐵與機械	八八、六	製粉	五六一	電氣器具	一五四、〇
第六位	被服	八八、〇	男子被服	四一五	自動車車體	一五二、三
第七位	皮革	七五、六	印刷	三四七	印刷	一四四、八
第八位	羊毛製品	六五、七	綿製品	三三九	製材	一四二、一
第九位	酒類	五六、五	木工品	三一六	車輛	一二四、九
第十位	蒸汽機關	四六、七	羊毛製品	二九七	製紙	九七、二

就工業生產的中心地而言，也因時代的前進而有移動。當這時代的初期，工業的主要地方原來是在波陀馬克與俄亥俄兩河以北，密西西比河以東，如新英格蘭南部，紐約州南部，紐佳錫州，賓夕法尼亞州東部等地，即其集中地域。及至工業地域分散及其特殊化以後，工業卻逐漸西進，一八五〇年工業的中心點，已移到賓夕法尼亞州的哈利斯堡(Harrisburg)，至現在則又移到芝加哥。

概括言之，關於農業機械，建築材料，木工及家具，飲食料，鐵道材料以及鐵鋼等工業，確於中西兩部逐漸得到顯著的發展；而輕工業尤其是要高級技術的工業，卻依然在東部。至如南部的工業尤其是木棉工業的發達，也是值得注意的事實。

南部各州的工業發展狀態，可由一八六〇年與一九二七年對於全國製造工業的比率而知其大概。（註五）

	投下資本	勞動者數	生產額
一八六〇年	九、五%	八、四%	八、二五%
一九二〇年	一〇、〇	一八、〇	一四、〇

向來僅有農業的南部各州，逐漸進展到製造工業部門的這一事態，就是說明美國工業在地理上的分布，已由從來局部的集中而散在於各地方了。

例如一八五〇年的製造品，約百分之八十是在大西洋沿岸各州（主要的是在婆陀馬克河的北部）生產的；及至一八九〇年，卻只占到百分之五八；又至一八二七年，在賓夕法尼亞及紐佳錫以北產出的，只占到百分之四〇了。

可是這種情形，還不能說是製造工業已達於眞正的普遍化。到了一九二七年，仍舊只有向來工業比較密集的各州如新英格蘭，中部大西洋沿岸，及舊北西部等處能够保持全生產額的百分之七一。可知北部地方，依然不失其工業的優越性。不過由此也可知道美國工業趨於分散化的一個傾向。茲就一九二七年美國製造工業在地理上的分布狀態，列表於下。(註六)

地方	企業數	平均勞工數（單位千人）	生產額（單位百萬美元）	馬力（單位千馬力）
新英格蘭	一七、七四五	一、〇九九	六、〇二八	四、五六六
中部大西洋沿岸地方	六二、二七六	二、四六八	一九、五三三	一〇、九六九
舊北西部地方	四三、六七一	二、三一〇	一八、九八八	一一、〇五七
其他地方	六八、一七四	二、四七三	一八、一六九	一二、二三四
全美	一九一、八六六	八、三五〇	六二、七一八	三八、八二六

（註一）Bogart, p. 563.

（註二）Nourse and Associates, America's capacity to produce, 1934, p 547.

（註三）Bonn, The American experiment, pp.163—8.

（註四）Bogart, p. 568.

（註五）Shannon, p. 417.

（註六）Ibid, p. 751.

第三節　生產規模的擴大與企業的集中

在前節所述的工業發展過程中，可以明白的看出美國資本主義具有二種特質。即第一是生產規模的擴大化；第二是企業的集中化。這兩種傾向，當然不是美國資本主義所特有的；其在任何資本主義國家的經濟發展過程中，都成了一定的現象。所以在許多場合，由此確立了金融資本之獨占的支配形態。就一般的看來，生產規模的擴大化，都是誘發了產業資本的成長；而企業的集中化，都是張開了金融的支配之網。如果美國資本主義的這二種傾向與金融資本的獨占過程，是由別的途徑而出現的，則其特殊途徑，可說成了美國資本主義的特質。

（一）生產規模的擴大

在製造工業中所不能忽視的現象，就是生產規模擴大的傾向。這種傾向，在南北戰爭前即已看到：不過能够特別顯著的時候，還在一八八〇年以後。如鋼鐵業、木棉工業、皮革工業的擴大，都極爲顯著，他如農具製造、製靴、毛氈製造、火硝製造、製紙、造船、屠宰及製肉、煙草製造等，也可看到擴大的傾向。只有地方的工業如製粉、牛酪業、婦女衣帽製造等，尚無若何擴大的傾向。

關於生產規模的擴大，由左列統計可以知其大勢。（註）

年次	平均一個工廠的生產額（美元）	平均一個工廠的資本額（美元）	平均一個工廠使用的勞工（人）
一八五〇	八、二八〇	四、三三〇	七、七
一八六〇	一三、四二〇	七、一九〇	九、三
一八七〇	一三、四二〇	六、七二〇	八、一
一八八〇	二一、一〇〇	一〇、九六〇	一〇、六
一八九〇	二八、〇七〇	一九、〇二〇	一三、八
一九〇〇	五四、九六九	四三、三六〇	二〇、五
一九一〇	七六、九九三	六八、六八七	二四、六
一九二〇	二一五、一五七	二〇八、〇八二	三一、三
一九二五	三三五、三六九	—	四四、八

依上列統計看來，可知在這一期間中投下的資本額，是很多的。平均一個工廠所使用的勞動者數，在一八五〇年至一九二五年之間約加六倍；反之，平均一個工廠的投資額，則已加到五十倍以上。

不過這一統計是涉及於製造工業的全部的，所以生產規模擴大的傾向，要用很緩和的形式表現出來；只有就適於大量生產的特定產業來看，實有顯然擴大的傾向。例如鋼鐵業這一部門，就其一八八〇年與一九二〇年的比較看來，其工廠數是從六九九減到六九五；但平均一個工廠的生產額，則從四一九千美元增加到五、六四二千美元，又平均一個工廠的資本額，則從二九五千美元增加到四、九八二千美元，又平均一個工廠使用的勞工數，則從一九七人增加到五九九人，其規模擴大的傾向，即此可見。

大規模的生產，固然要使銷納其生產物的市場擴大；而美國那樣廣大而且擴充不已的國內市場，又足以促令生產規模的擴大，這是相互爲用的。此外，原料的豐富，也是大規模生產的一個要件，美國受這天然的恩惠，確有可觀，尤其因有運輸機關的發達，使這天惠能够得到充分的利用，更爲大規模生產的原因。

（二）企業的集中

在生產規模擴大中又有一不可忽視的現象，即爲一八八〇年以後企業集中的傾向。茲略舉其傾向於下：

（1）根本的事由，即由於一方面處分公有地及開發天然資源所得的投機的利潤，自從一八八〇年到一八九〇年大爲減少；而另一方卻因利用資源比較經濟及生產技術的改良，可以獲得利潤，並因國內市場擴大後物價的變動，而使企業經營更爲重要，以致企業間的競爭，不得不激化起來。

（2）因生產費減少及生產物價安定，而發生了可以增加利潤的希望。

（3）更有助長這傾向的事由，如機械及生產方法的標準化，通信機關的發達，會計制度的進步，以及股份公司組織的普及等是。

想對生產業者彼此的競爭加以限制的企圖，在南北戰爭前即已試行過；但是逐漸要到顯然限制的時候，還在一八六五年以後。

在一八六五年至一八七五年的時候，關於販賣價格及生產額曾經實行過簡單不甚精密的協定，如對無煙煤的採掘及製鹽業所行的協定，即其適例。

一八六五年至一八九五年的主要動向，為同類企業家締結同盟的傾向。如鐵道業者（但為一八八七年州際通商法所禁止）及軌條、火藥、煙草等製造業者各相互間皆行之。在這期間中，也有托拉斯（Trust）的組織，如最初由洛克斐勒（Lockfeller）開始組成的美孚火油公司，即其典型的組織，此外，如火酒、砂糖、棉油、澱粉及鉛等，也有這種組織；不過對於托拉斯的禁止運動的結果，雖於事實上還有有別的名義以行托拉斯之實的組織；但在法律上卻不能用托拉斯的名稱了。

一八九七年至一九〇四年的主要動向，為握股公司（Holding Company）的組織。在這時期中，如製造工業，以及運輸業、買賣業等產業上全部的再組織，都是由握股公司行之。而最大的集中，尤以鋼鐵業為最顯然。他如煙草、火油、砂糖、亞麻油、銅、造船、牛肉、澱粉、製粉、棉油、糖菓、蠟燭、製鹽、製冰、火材、火酒、無煙炭、人造肥料、錫罐頭、農具、蒸汽汽罐車、火硝、橡皮製品、皮革、電料以及其他產業，也有這種組織。

但是基於這種握股公司的企業集中及至一九〇三年造船托拉斯發現破綻以後，托拉斯即因此暴露其金融上的詐欺手段，而歸於停頓。

一九〇四年以後的企業集中，有兩種主要的形態。一即由公司合併而成的集中（如美國煙草公司即其適例），一即由利益共同計算與共通管理制的統制。

上述的兩種傾向，若就其發生的先後看來，在大體上可以說生產規模的擴大是屬於十九世紀的事實，至於企業管理的集中，則爲二十世紀的產物。可是這兩種傾向，都沒有走過平坦的道路；對其獨占性的非難，是必然要發生的。而其首先所受的阻難，就是托拉斯禁止法(Anti-trust Act)。

自一八八七年議會制定了州際通商法，禁止鐵道間運費同盟之後，至一八九〇年又制定了錫爾曼的托拉斯禁止法（Sherman Anti-trust Act），規定「凡用托拉斯或其他形式所締結的契約與結合，或共謀限制州際或外國間的通商者，皆爲不法。」同時各州也提出了托拉斯禁止法案，其中有三十二州是用法律去禁止的，有十七州是在州憲法中加了禁止的規定；只有紐佳錫、德拉瓦、緬因(Maine)這三州沒有這種規定，所以在這三州都有托拉斯的組織，而使各州的立法皆失其實效。

至一九〇〇年，在羅斯福(Theodore Roosevelt)大總統的治下又嚴密的適用托拉斯禁止法，極力打破獨占及企業的結合。及至一九一〇年，確有努力打破不正競爭的傾向，所以又於一九一四年制定了不正競爭防止法及克雷吞的托拉斯禁止法(Clayton Anti-trust Act)，而且對於特定的不正的商習慣下了一個法律的定義。

但在他方面，卻又制定了允許某種特定人可以結果的法律，如一九一八年所施行的韋布的輸出法(Webb Export Act)，及一九二二年所施行的協同組合販賣法(Co-operative Marketing Act)，即其實例。

錫爾曼的法令，固然是禁止企業結合，但因從事於輸出業的人們，與海外的結合公司是用同一條件來競爭的，所以有令輸出業者結合之必要。因此，錫爾曼的法令是否能適用於輸出業者方面，即不無疑問。韋布的輸出法制定以後，即所以修正錫爾曼的法令，並確定其意義的。只要是從事於輸出業的人們，他們的結合，當然爲輸出法所容認。

又協同組合販賣法，也是與韋布的輸出法基於同一精神而成立的。其目的，即在使農業家、牧畜場經營者、及從事栽種的人們能夠更有效的出販他們的生產物，所以要允許他們有結合的權利。

要之，托拉斯禁止法在當時之所以要發布的理由，即在企業的結合占了優越的地位，不得不加以限制。至於它們的結合，卻與金融的支配沒有關係，這是要注意的。

（註）Bogart, p. 582.

第四節　鋼鐵業及纖維工業

美國實業的發達方向已如上述，是由農業推進到工業的；但是要考察個別的工業發達情形時，對於鋼鐵業及纖維工業，卻要充分的說明一下。因爲這二工業部門，不僅在生產額中占最重要的部分，且在採用機械及大規模生產制方面，也屬於最大的工業部門，而成為工業化過程中的典型，所以有特為說明之必要。

在工業化時代的社會中，對於鐵與鋼的需要，與對於食糧的需要相同，都是不可缺的。食糧對於人口的給養是必要的東西，同樣，鐵對於大規模的機械生產也是基本的必須品。

在這一時代，美國的工業化既有特殊的表現，則其鋼鐵業的發達可說是必然的。加以原鑛的埋藏豐富，自經發現以後，更要發達起來。

茲就粗鋼鐵業的發達狀況加以考察，有如左表：（註一）

粗鋼鐵業的發達

年次	企業數	勞工數（單位千人）	資本額（單位百萬美元）	原料費（單位同上）	生產額（單位同上）	生產量（單位百萬噸）
一八六〇	四〇二	二二	二三、三	一九、二	三六、五	五〇九
一八七〇	八〇八	七八	一二一、八	一三五、五	二〇七、二	三、二六四
一八八〇	七九二	一四一	二〇九、九	一九一、三	二九六、六	六、四八七

一八九〇	七一九	一七一	四一四、〇	三二七、三	四七八、七	一六、二六四
一九〇〇	六六九	二二三	五九〇、五	五二二、四	八〇四、〇	二九、五〇八
一九一〇	六五四	二七九	一、四九二、三	—	一、三七七、二	七五、〇二〇
一九二〇	六九五	四一七	三、四五八、九	二、三〇一、九	三、六二三、四	一一四、四〇七
一九二五	五九五	四〇〇	—	二、四二九、四	三、七一一、四	一一四、三八〇

依上列統計看來，一八六〇年與一九二〇年的比較，其企業數，是由四〇二進到六九五，其增加率約爲百分之七三；而其資本額則約增十五倍，其生產額則約增十倍，都有很大的擴張。由此可知一個企業的經營規模與生產力的擴張，都是經由非常良好的速度而達成的。

生產規模擴大的結果，能使熔鑛爐一天的平均能力，逐漸增加上去，計一八八〇年爲二五〇噸，一九〇〇年則爲一四八噸，至一九二〇年即已增加到一五〇〇噸了。又分開爐一天的平均能力，也在這同一年次中，逐漸由五噸而五〇噸而一二五噸的增加上去。而在另一方面與這生產規模擴大相關連的，就是企業的集中，如合衆國製鋼公司(The U S. Steel Corporation)，對於鐵坑、炭坑、鐵道、汽船、焦炭、鎔熔鑛爐、製鋼工廠、機械製造工廠等，都是集中在一企業內而統制之。

至於纖維工業，在美國確有最老的歷史，為工廠制工業之一。當西漸運動時代各種機械發明以後，纖維工業即已開始了生產設備的改善及其優良化。及至以後，更因機械的改良，及生產組織形態並管理體系的改善，對於這一產業的發達，又有很大的貢獻。

茲就纖維工業部門的發達狀況，列表於下：（註一）

纖維工業的發達

年次	企業數	勞工數（單位千人）	資本額（單位百萬美元）	生產額（單位同上）
一八五九	三〇二七	一九四	一五〇、一	二一四、七
一八六九	四七九〇	二七五	二九七、七	五二〇、四
一八七九	四〇一八	三八四	四一二、七	五三二、七
一八八九	四二七六	五一七	七六七、七	七五九、三
一八九九	四三一二	六六一	一、〇四三、〇	九三一、五
×一八九九	四〇九九	六三二	九八二、六	八八六、九

×一九〇九	四八二五	八三四	一、七一七、八	一、五九一、七
×一九一九	五七六七	九一三	三、七九五、八	四、六六二、六
×一九二五	七四七〇	一、一一〇	—	五、三四二、六

（備考）×記是表示僅爲工廠制的生產。

這一統計，也是以一八九九年度爲境界點，因爲算出的基礎不同，所以難期正確的比較。可是要用以前所用的方法，改在同一基礎（只就工廠制生產的基礎）上去扣算，則一八五九年的生產額，當爲二〇四、五百萬美元。即此可知一八五九年以後到了一八九九年，其生產額的增加率，則爲四・三倍，又到了一九〇九年則爲七・八倍，又到了一九一九年則爲二二・八倍，又到了一九二五年則爲二六・一倍。其發達狀況，即可概見。

這一期間中纖維工業的發達，要注意到南北戰爭實與以很大的影響。南北戰爭足令北部地方所發達的棉織業發生重大的困難，這是很明顯的事實。因此，北部地方便由重視木棉工業的視線，轉而注視到毛織業方面，而迅速擴大其生產。加之在這一時代中，又受到保護關稅的掩護，於是毛織業到了一九〇〇年的時候，遂居了美國纖維工業中的第一位。但是到了以後卻不然。計自一八七〇年以來，棉織業即已開始向南部移動，且其移動的傾向極爲普遍，因此木棉工業的生產，大爲增加，隨後毛織業的地位，又不能不讓於棉織業了。

原來美國在棉織業方面，就能享受特殊的便利。如原料之能供其生產，以及製品市場的廣大，即其重要條件。就一八六〇年綿製品的生產只次於製粉生產而居第二位的情形看來，即可知其發達之一般。但是到了以後，因重工業及機械工業方面的發達，以致棉織業的地位，亦隨之而漸低。其在美國工業生產中比重的地位上，固然逐漸趨於沒落；而其絕端的發達，卻依然繼續到一九二〇年。直到一九三〇年，其絕大生產額，纔比前一年萎縮了。這種萎縮的原因，固然一部分是由於受了前一年來恐慌的影響，而另一部分也未始不是受了日本棉織業的壓抑。

總之，美國的棉織業，直到一九二〇年爲止，還是非常的發達。由左表看來，即可知其於一八六〇年到一九二〇年之間，在使用錠數方面，已增加到六・八倍，在棉花消費方面，已增加到七・六倍。（註三）

棉織業的發達（單位千）

年次	使用錠數		消費棉花包數	
	全美國	南部	全美國	南部
一八六〇	五、二三六	三二四	八四五	九四
一八七〇	七、一三二	三二八	七九七	六九
一八八〇	一〇、六五三	五六一	一、五七〇	一八九
一八九〇	一四、三八四	一、五七〇	二、五一八	五三九
一九〇〇	一九、四七一	四、三六八	三、八七三	一、五二三
一九一〇	二八、二六七	一〇、四九四	四、六二	二、二三四
一九二〇	三五、四八一	一五、二三一	六、四二〇	三、五八三
一九三〇	三一、二四五	一八、五八六	六、一〇六	四、七四九

依上表看來，可知其增加的大部分，是由南部地方棉織業的發達而來。上表所載一八七〇年到一八八〇年南部棉織業的狀態，還是很微弱的；及至以後，卻有迅速的發展，可說美國全體棉織

業發達的主要部分，已爲南部所占領。

（註一）Bogart, p. 593.

（註二）Bogart, p. 597.

（註三）Shannon, p. 415.

第二章　天然資源的開發

第一節　農業

南北戰爭以後美國經濟發展的主潮，就在工業的發展，已在上章說過了。但同時若從農業的見地而言，農業在這一時代中卽令不及工業，可是也可稱爲農業革命的時代。

一八五〇年以前，美國的農業，完全由人力行之，在這一年的下半年雖然發明了種種農業器具；可是還沒有普及。後因南北戰爭的戰時需要與勞動力的缺乏，纔開始爲一般人所使用。因爲南北戰爭開始以後，對於農產物食料、被服、軍馬飼養料等戰時的需要，陡然增加，大足以促進農業的發展，同時又因從軍之故，從農村方面徵來了多數的青年和壯年，而使勞動力大感不足。卽令歐洲方面來了許多移民，也還不能完全補其不足，至此，對於農業方面，遂有適用節省勞力的大規模的機械之必要例如使用兩馬的刈機，乃普及於全國，至一八六五年，這種機械，已達二十五萬架之多。所以有許多論者竟謂北軍勝利的原因，大部分是由於戰爭中得能順利的收穫及開發西北部，或非過言。此後農業的機械化，大都行於穀物生產方面。而適於穀物生產的北西部，復因南北戰爭後兵士的歸農，以及鐵道的發達，尤其是自耕農創定法的制定等緣由，更促令農業有迅速的發展，更促進農業越發趨於機械化。

以後又以歐洲大戰為引線，而使美國的農業，更進一步而踏入機械化的第二階段。固然南北戰爭後已進到農業機械化的階段；但在歐洲大戰以前，其機械的原動力，大都專靠馬或驢等家畜力行之。在這種關係上，隨着農業的機械化，而使這些動物飼養數也在同一步調之下而增加，計一九〇〇年農場所使用的馬驢的頭數，已達二四百萬頭，直到歐洲大戰為止，依然保持其增加的趨勢。及至歐戰開始以後，因戰時的需要與勞動力的缺乏，所有工業技術上節節進步的種種改革法，纔為一般人所採用。從此以汽油為原動力的牽引機，纔逐漸普及，以之代替馬力。計自一九一八年至一九三二年，馬的頭數已從二六、四〇〇千頭減到一七、一七〇千頭（約有農場原動力的一牛）同時牽引機則從八〇千架增加到八五一千架了。

美國農場所使用的馬力總數，如果分爲機械力與家畜力來看，可列圖如下：（註一）

下圖中所載的家畜力，是牛、馬、騾的總稱。所載的機械力，是將風車、蒸汽機關、煤汽機關、煤汽牽引機、運貨汽車、電力刈機及打機等包括在內。至一八七〇年爲止，馬力的全部，可說都是家畜力；及至逐漸普遍使用機械以後，從一九二〇年開始，機械力纔代替家畜力。

農業生產手段有了這樣的機械化以後，儘管勞動力不足，也可以促令耕作能力的增大。原

合眾國農場所使用的推定總馬力量

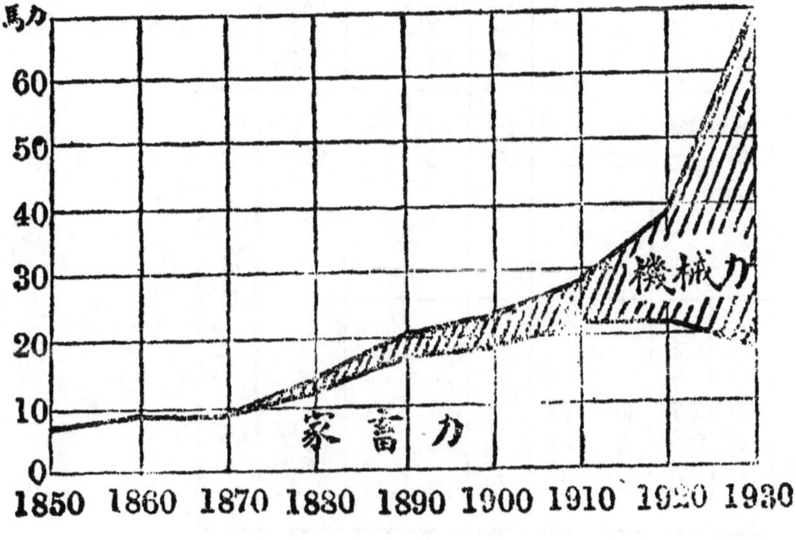

來南北戰爭後北西部的發展，已在各舊州地域中改良了許多的土地，所以要就美國全部土地來說，其耕地面積的增加，實有驚人的數量。茲列統計表於下：（註二）

美國的農場數及農地面積

年次	農場數（千）	編入農場的土地總面積（百萬美畝）	在上數中 改良地（同上）	未改良地（同上）	百分比 改良地%	未改良地%
一八五〇	一、四四九	二九四	一一三	一八一	三八、五	六一、五
一八六〇	二、〇四四	四〇七	一六三	二四四	四〇、一	五九、九
一八七〇	二、六六〇	四〇八	一八九	二一九	四六、三	五三、七
一八八〇	四、〇〇九	五三六	二八五	二五一	五三、一	四六、九
一八九〇	四、五六五	六二三	三五八	二六六	五七、四	四二、六
一九〇〇	五、七三七	八三九	四一四	四二四	四九、四	五〇、六
一九一〇	六、三六二	八七九	四七八	四〇〇	五四、四	四五、六

一九二〇	六、四四八	九五六	五〇三	四五三	五二、六	四七、四
一九二五	六、五七二	九二四				
一九三〇	六、二九八					

依這統計看來，自一八六〇年到一九二〇年，編入農場的土地總面積已增加了二·三倍，其中改良的土地卽增加了三倍。還有一個注意點，就是農場數量增加與土地面積增加的比例狀態，自一八六〇年至一八九〇年這三十年間，農場數是增加了百分之一二三；而土地面積卻不過是增加百分之五三，這就是說明一個農場的平均土地面積縮小了。及至機械盛行以後的三十年間，農場數卻只增加百分之四一；而土地面積還是增加百分之五三，結果，一個農場的平均面積增大了。

農業生產過程中因機械力的採用，以致每一從事農業者的平均生產能力有很大的增加。就每一勞動者在穀物生產上的增加來計算，計自一八五〇年至一八六〇年這十年間的增加率爲百分之二五，自一八五〇年到一九〇〇年這四十年間的增加率爲約百分之五〇，而在一九〇〇

年以後三十年間的增加率，則爲約百分之三〇。(註三)

生產能力有了這樣的增加，促令生產額增加之後，以致相對的或絕對的減少了農業者。茲就穀物生產額與農業者逐漸增加的狀況，列圖說明於下：(註四)

依這圖表看來，人口對於穀物生產的比率，自一八八〇年以來還沒有很大的變化，申言之，即穀物生產的增加還可以與人口增加的比率相應。但是從另一方面看來，自一八七〇年以來，穀物生產額，卻比農業者更以迅速的增加率而向上了。到了一九三〇年，穀物的生產指數，竟爲農業者指數的二倍。這就是表示農業者自一九一〇年以來是絕

人口與農業

1870年— 1930年 1870年=100

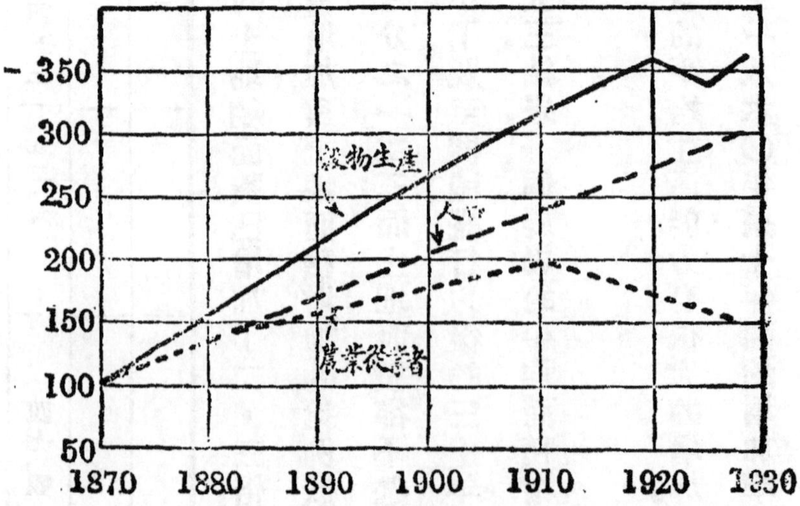

對的減少了。固然穀物生產也於一九二〇年以後降低過；但是降低的程度，還是以農業者方面爲深。由此看來，可以明瞭每一農業者的生產額，到了一九三〇年，確比一八七〇年增加很多了。

農業生產能力的擴大，不僅就每一勞動者可以看到；每一單位面積的生產增加也是一樣。歐洲大戰前，農業生產的增加，有兩種方法：第一種是犧牲收場或森林而擴充穀物耕作地域；第二種是令每一美畝增加穀物的產出額。二者之中，尤以使用第一種方法爲多，因爲耕作地域擴大以後，即可使每一勞動者增加其生產。

美國所以要行這種方法的，即由於美國與歐洲不同，在歐洲各國，是勞動力比較多，耕地面積比較少；然在美國，則勞動力比較少，耕地面積比較多。所以在美國使用土地，是比較自由的，對於土地的生產力這一方面，倒不會發生若何問題；不過在其他改良方面，也能因此阻礙其進行。及至肥沃的新土地一經開發完了以後，對於土地纔有集約的利用之必要。這種過程，是由機械力對於農業的浸透作用與研究土地的效用等事由而逐漸達成的。可是每一單位面積的生產效率一經達到相當的高度以後，卻又趕不上從前的增加程度了。這種情形，可用下列圖表說明之。（註五）

一英畝主要農作物之每五年平均生產指數

1883-87＝100

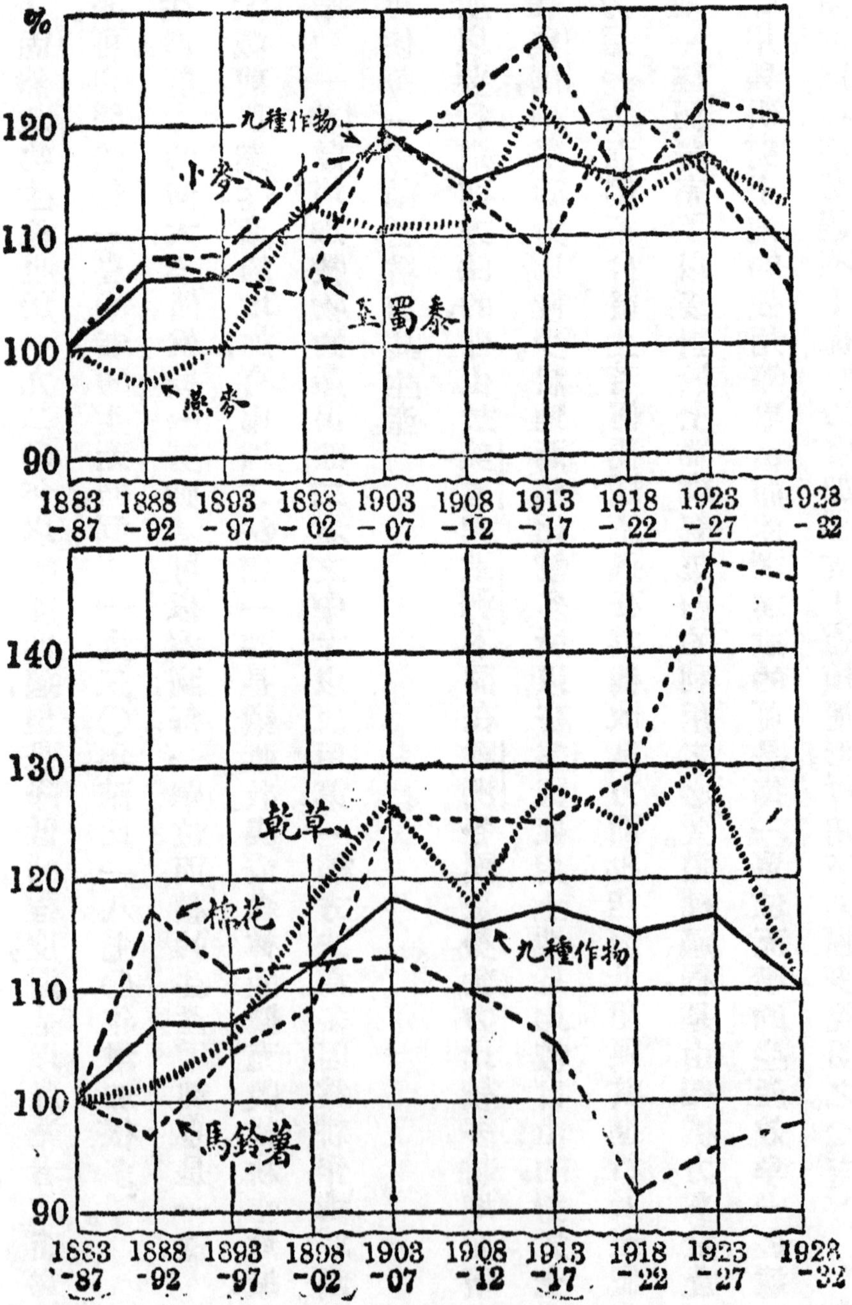

這圖表中九種農作物的合成指數，在一九〇三年至一九〇七年之間表示了最高效率後卽歸於停滯，並於一九二三年到一九二七年以後表示低落了。這一九〇三年到一九〇七的最高水準，如果要問以後土地是如何改良、生產手段怎樣機械化，爲何還不能再高上去的話，這固然屬於問題範圍以外的論點；可是也要知其以後的停滯，正由於耕地面積擴大到了落機山脈（Rockies）東部的一半不毛之地，雨量稀少，生產上受了很大的限制，所以耕地面積是擴大了，反而生產量倒不能與之俱增，以致每一單位面積的生產額，都要歸於停滯或減少。其生產能率雖然暫停，而其能率能夠高於初期的水準，還是一樣的。其次，馬鈴薯的能率既那樣的增進；爲何棉花反而低落呢？這當然是由於奴隸解放後，昔之 plantation 制失其意義，昔之生產組織歸於崩壞而使然。種棉的大 plantation 制崩壞的時候，同時卽發生了新的生產制度，如貧苦白人與黑人們皆從事於小規模的農業經營，卽其例證。在這小規模的經營中，有許多是因每一農場的改良地面積平均減少與金融的逼迫，而使其生產能率不能不趨於低落。

其他的農作物，都是以那九種農作物的合成指數爲中心而趨於動搖；不過以這最終年度與第一年度相較還增加了約百分之一〇的能率。

像這樣的農業革命的進行與耕地面積的擴大，而使農產物的生產增高的情況，可由下表明示之。(註六)

主要農產物的生產額

年次	玉蜀黍(單位百萬美斗)	小麥(同上)	米(單位百萬鎊)	砂糖(單位百萬鎊) 甜菜糖	蔗糖	棉花(單位百萬包一包五百鎊)	羊毛(單位百萬鎊)
一八六〇	八三九	一七三	一〇六	—	二七五	三·八四	六〇
一八七〇	一、〇九四	二三六	五五	—	一七八	四·〇三	一六二
一八八〇	一、七一七	四九九	一一二	一	二八五	六·三六	二三三
一八九〇	一、四六〇	三七八	一三七	八	四九七	八·五六	一七六
一九〇〇	二、五〇五	六〇三	二五三	一七二	六二四	一〇·一二	二八九
一九一〇	二、八八六	六三五	六八一	一、〇二〇	七一〇	一一·六一	三二一
一九二〇	三、二〇九	八三三	一、四四六	二、一七八	三五二	一三·四四	二八七
一九二五	二、九一六	六七七	九二四	一、八二六	二七九	一六·一〇	二九二
一九三〇	二、〇八一	八五一	一、一四九	二、四一六	三六九	一三·九三	三九七

主要農產物的生產額，自一八六〇年以後到一九二〇年—一九三〇年確是非常的增加。其中玉蜀黍的增加額在一九二〇年為三・九倍，在一九三〇年為二・五倍，小麥為四・七倍，為九・四倍。米為一三・六倍，為一〇・八倍。棉花為三・五倍，為三・六倍。羊毛為四・八倍，為六・六倍。就砂糖說，蔗糖至一九二〇年增加二・五倍，固然以後因甜菜糖的急增而減色；但就砂糖的全體而言，結果還是增加很多了。

生產額之所以有這樣的增加的原因，固然一方面是由於擴大了耕地面積而使然；然在另一方面，若就上載農地面積的統計看來，編入農場的土地全體，從一八六〇年到一九二〇年是增加了二・三倍，而改良地則已增加了三・一倍，由此可知生產的增加，斷然不能只歸功於農地面積的擴充，同時，農業革命的進行，也盡了相當的使命。

(註一) Towgell and Hill, Our Economic society and Ist Problems, p 166.

(註二) Welt in Zahlen, III, S. 88, Yearbook of Agriculture, 1931, p. 1031.

(註三) Recent Social Trends in the United States, 1933, vol. I, p. 99.

(註四) Bogart, p. 511.

（註五）Tugwell and Hill, p. 144.

（註六）Shannon, p. 418.

第二節　鑛業

美國的經濟生活，也因鑛物原料消費的急增而有其特徵。這一方面是由於美國富有天然的資源，他方面也是由於各種實業的基礎與其擴充實在無限制的規模中完成了的緣故。美國得於自然界的賦予，是任何國家所沒有的，而這天然資源在社會的意義上，足夠記錄經濟生活的發達狀態，足令國民的生活水準蒸蒸日上。

不過這天然資源的發現，比較遲一點，至最近時，纔有飛躍的開採。

關於鐵銅等鑛，在殖民時代卽已開始採掘，又關於煤鑛，也自十八世紀末葉以來卽已從事採掘；不過對於鑛產資源的開採有很大的發展，還在一八六〇年以後。舉凡對於煤油、天然煤氣、及銀之發掘，鋁工業及水泥工業之發達，以及使用煤油銅鐵之大增加，都是在南北戰爭以後工業發展時代。在這一時代中工業既有偉大的發展，當然要增加上述各原料的需要，而鐵道的建設，一方面要對於煤鐵的需要加多，同時他方面又使重量的鑛產資源得到便利的搬運，又加以科學知識及技術的進步，更令採鑛得到很大的幫助。

因此，美國鑛業生產總額，在一八六〇年，不過約爲九〇百萬美元；及至一八八〇年，即達二五〇百萬美元，又至一九〇〇年，即達一、〇〇〇百萬美元，更至一九二〇年，竟達六、九八一百萬美元了。

鑛業生產的總額，雖然不及農業生產及工業生產之多；但其增加及發展的情況，卻有駕凌農工業的趨勢。

美國富有鑛物資源這一優點，不僅在近代產業上最需要的煤鐵銅的生產方面，居世界的第一位，且在煤油、銀、鉛、亞鉛、燐酸鑛、及硫黃的生產方面，也是一樣。而金苗的生產，也居世界的第二位。茲分別說明於下。

（一）鐵　在殖民地時代，對於鐵鑛的埋藏，即已發見，鐵鋼業即已發生；及至獨立戰爭時，因其爲軍需工業，頗受相當的賞識，且在採掘上也很擴張；不過要說到迅速的發展，還在美國經濟達於工業化以後。

茲就鐵的產出狀態，列表於左。（註一）

年次	產出額（百萬英噸）
一八八〇	七·一
一八九〇	一六·〇
一九〇〇	二七·六
一九一〇	五七·〇
一九二〇	六七·六
一九二九	七三·〇

鐵鑛的主要產地，有左列三大鑛區。

（１）阿巴拉契安山脈的鑛區（從紐芬蘭至阿拉巴馬）（Alabama）這鑛區雖有多量的埋藏，卻是貧鑛。

（2）蘇必利爾湖(Superior)的鑛區　這鑛區近地層因埋藏着多量的良鑛，且因湖水地方的水運有很大的便利，所以自一八八〇年以來，逐漸在開採上有顯著的發達。

（3）哥爾底勞倫(Cordilleran)鑛區　這鑛區倒有無盡藏的鐵鑛，但因附近沒有煤的生產，所以除了爲地方的目的間有開採以外，還沒盡量的開發。

（二）煤　自十九世紀初葉以來，除家中燈火方面即已開始用煤之外，在限定的範圍內也有多少用於製造工業方面的；不過要說到普遍的使用，還在南北戰爭以後。

茲就其產出額列表於下：

年次	產出額（百萬美噸）
一八七〇	三三・〇
一八八〇	七一・五
一八九〇	一五七・八

一九〇〇	二六九·七
一九一〇	五〇一·六
一九二〇	六五八·三
一九二九	六〇八·八

自一八九九年以後，其生產額卽已駕凌英國，而占世界的第一位。

（三）煤油　自一八五九年在西賓夕法尼亞發掘煤油坑以後，卽有許多人在這地方設置油田，恰如一八四〇年在加利福尼亞發見金鑛時代的狂熱一樣。在一八五九年只生產了二千桶；及至三年後（一八六二年，）竟生產了三百萬桶。以後又因其精製及搬運上技術的改良並運用煤油的進步，更有顯著的發達。原來對於煤油的發掘，就是極投機的事業，而其試掘費也比較的少，若發掘順利，卽可獲得數百萬元的利益，否則亦損失無幾。不過一經發見以後，就要開採，不能以單純的所有爲已足；否則坐令鄰近的發掘，卽有枯渴的危險，所以在最短期間不得不採最大量的發掘政策。因此關於煤油這一資源的開採，不僅競爭頗烈且於利用上亦比利用其他資源較爲迅速。

美國的煤油生產，在一八八五年的時候，原只限於西賓夕法尼亞與紐約這兩州；及至以後，其生產的中心，又移到俄亥俄及西弗基尼阿，以後更又移到加利福尼亞、得克薩斯、俄克拉荷馬及其他各地。茲就其生產額，列表於下，即可知其有顯著的增加。

年次	產出額（百萬桶）
一八七〇	五·三
一八八〇	二六·三
一八九〇	四五·八
一九〇〇	六三·六
一九一〇	二〇九·六
一九二〇	四四二·九
一九二九	一、〇〇七·三

（四）天然煤氣　煤油生產增加後，天然煤氣亦於一八七〇年以來在西弗基尼阿、賓夕法

尼亞、俄亥俄等地逐漸大規模的利用起來。不過利用天然煤氣的重要性，不及煤與煤油罷了。

在商業上開始大規模的利用天然煤氣的時候，實在一八八五年左右。茲就其產出狀態，列表於下：

年次	產出額（十億立方尺）
一八八二	三·四
一八九〇	二三九
一九〇〇	二三七
一九一〇	五〇九
一九二〇	七九八
一九三〇	一、九一八

（五）銅　在一八六〇年以前，銅還是從智利及古巴輸入來的；及至以後，纔逐漸由自己生產。尤其是電氣工業發達以後（如一八七六年之發明電話，一八八〇年之發明電燈），因銅最宜於作電線之用，更令其生產有顯著的發達。又加以鑄造黃銅工業的發展，越發增加銅的需要，乃至

歐洲的製造工業國家，也有許多要靠美國供給的。

茲就其產出情形，列表於下。

年次	產出額（百萬鎊）
一八七〇	二八
一八八〇	六〇
一八九〇	二六〇
一九〇〇	六〇六
一九一〇	一、〇八〇
一九二〇	一、二〇九
一九二九	二、〇〇三

（六）金及銀　開發亞美利加的主要動機之一，即在貴金屬的發掘。這種希望，終於一八四八年因發見加利福尼亞的金鑛而實現，美國生產金的時代，即以此時爲始期。以後又於一八五二年在科羅拉多地方，一八五九年在尼發達（Nevada）地方，一八九三年又在科羅拉多地方，陸續

的發見了金鑛不過關於金的生產，卻從發見的當時所謂「黃金狂熱」時代開始，就沒有節節增加的趨向，而呈現着極曲線的狀態。

自從一八五二年在科羅拉多發見金鑛以後，極西地方的探險家又在阿克薩河（Arkausas R.）上流的支流的河床發見了銀鑛，從此以後，許多鑛師及冒險家都極力從事於新鑛區的探險，終於落機山脈地方又發見了許多的銀鑛，而使銀的生產，也成了美國鑛產物的重要資源。

茲將這兩種貴金屬的產出情形，列表於下。

年次	金產出額（千純美兩）	銀產出額（百萬純美兩）
一八七〇	二、四一九	一二·四
一八八〇	一、七四一	三〇·三
一八九〇	一、五八九	五四·五
一九〇〇	三、八三〇	五七·六
一九一〇	四、六五七	五七·一
一九二〇	二、四七六	五五·四
一九二九	二、二〇八	六一·三

（七）鋁　當一八八五年時，鋁的生產簡直很少。其原因有二，一即由於生產費較高，二即由於這種金屬不能使用於商業。及至輕金屬的用途增大以後，鋁的生產，纔以非常速度而增加，由左表看來，即可知其有可驚的發展。

年次	產出額（千鎊）
一八八三	〇·〇八
一八九〇	六一
一九〇〇	七、一五〇
一九一〇	二四、〇〇〇
一九二〇	一三八、〇〇〇
一九三〇	二二五、〇〇〇

（八）鉛及亞鉛　這兩種金屬，也是在最近六十年間纔發展的。其發展的主要原因，即由於舊工業的擴張與電氣工業的發達。而且鉛能用爲管及板，鉛型與顏料，並爲各種合金之用；亞鉛亦能防止鐵銹並各種合金之用，所以其生產，亦有迅速的擴張。玆列表於下。

年次	鉛生產額（千噸）	亞鉛生產額（千噸）
一八七〇	一七·八	五·四
一八八〇	九五·七	二五·一
一八九〇	一三九·七	六三·七
一九〇〇	二六〇·九	一二三·九
一九一〇	三七五·四	二六九·二
一九二〇	四七六·八	四六三·四
一九三〇	六七二·五	六二五·四

與以上所述種種鑛物資源極相關聯的事項尚須加以考察的，就是水力的發展。原來在殖民時代水力卽有其重要性，至一八七〇年左右，機械的原動力也是靠水力，尤其在密西西比河的東部及哥爾底勞倫山脈的西部，更有重要的用處。及至用煤以後，從來受地理上及季節上限制的水力，纔逐漸失其重要性。就一九〇〇年製造工業中所使用的動力看來，蒸汽力已占百分之七七；而水力則僅占百分之一五了。

可是由水力發電的方法，自一八九〇年爲製造工業所利用以後，水力又經過電氣的形態，再具有其重要性。

以後又因歐洲大戰時代燃料費的高騰，更對水力重視起來。美國因於一九二〇年通過了水力發電法（Water power Act），一方面使一般的便於利用水力；同時他方面對於水力發電而加以統制。於是在一九三〇年之末，美國所利用的三八百萬馬力這總電力之中，約有一四、八八五千馬力（約占百分之四〇）是靠水力發動的。然而就其在美國的全部精力上所消費的總量而言，還不過是百分之七而已。

茲就水力的發達狀況，列表於下。（註二）

水力的發達（單位千馬力）

年次	各年終的水力	每年平均增加的水力
一八九六	一、一五〇	—
一八七九	一、二五〇	一〇
一八八九	一、三〇〇	五

一九〇二		二、〇五〇	五八
一九一〇		四、二二〇	二七一
一九一五		六、一四〇	三八四
一九二〇		七、八〇〇	三三二
一九二五		一一、一八〇	六七六
一九三〇		一四、八八五	七四二

(註一) Arthur F. Burns, Production Trends in the United States 1934, Appendix A. 以下的鑛物資源，都是以這材料爲根據。

(註二) Recent Social Trends, op. cit, vol. I. p. 73.

第三節　運輸交通機關的發達

以南北戰爭爲新起點以致美國農工業的發展情形，已在上面說過了。這些實業的成長及發展，而又增大了要找市場的商品量，要使商業得到異常的發達。申言之，即西漸運動時代所準備的龐大的國內市場其所以得到充分開發的必要條件，即在貨物能夠得到圓滑的輸送。有了這種要件，而後商業纔能發展，而後各種產業在其成長過程中纔有了充分的基礎。

在南北戰爭以前，交通機關卽很發達，其發達的範圍，是就西漸運動所展開的市場圈而擴張的，所以對於運河及鐵道之熱狂的建設，至於引起了數次的恐慌。南北戰爭終結後，中央集權的傾向極端濃厚，於是交通機關的發達，更於政治的及經濟的意義上，要重視爲融合國內令其較前密切的手段。

以下試就南北戰爭後交通機關發達的狀況分述之。

（一）鐵道

一八五七年的恐慌，是由於西漸運動的最後發展上發生了土地及鐵道的投機熱而構成其一原因，已在前面說過了，可以在那一時代的末期，鐵道的建設，實在頗爲發達。不過南北戰爭前的鐵道，還是具有地方性的鐵道；及至南北戰爭以後，纔進而建設一大全國的鐵道網。從此地方間的相互依存關係纔逐漸增加，而地方分權主義也纔衰退下去。

一八六五年以來，鐵道建設卽有很快的進步，在八年之間，卽已敷設了約三五千哩的鐵道。及至一八七三年的恐慌發生後，約有五年之久，簡直是陷於停頓狀態。復後從一八七八年到一八九〇年，又建設了八二千哩的主要幹線，所有一切的大幹線，都建設成功了。此後鐵道建設的速度，即稍和緩。由此可知美國對於鐵道之急速的建設，是至十九世紀而告終結。茲列統計表於下，以明其發達的狀態。（註一）

鐵道的發達

年次	鐵道總里數	主要幹線里數
一八六〇	三〇、六二六	—
一八七〇	五二、九二二	—
一八八〇	九三、二七六	—
一八九〇	一九九、八七五	一五六、四〇四
一九〇〇	二五八、七八四	一九二、五五六
一九一〇	三五一、七六七	二四〇、八三一
一九二〇	四〇七、五七九	二五九、九四一
一九三〇	四二九、八八三	二六〇、四四〇

在這一時代的鐵道建設中最要注意的，就是大陸橫斷鐵道。關於結合大西洋與太平洋的鐵道建設，已在一八三四開始計畫過；不過在當時還認爲這種計畫是空想。及至發見加利福尼亞的金鑛後因移居極西部的人民日益加多，而令大陸橫斷鐵道的建設計畫有切近事實之必要。此時（一八四五年）即有紐約對中國貿易的商人，首先對於議會提出了擬從密雪干湖達到哥倫比亞河（Columbia）口建設鐵道的建議書。依照他的意見，即認爲建設了這一鐵道，對於東洋交通便有了新興而且是直線的道路，可令中央各州及紐約能够享受極東貿易的莫大利益。

提倡建設這一橫斷鐵道而要具體的進行時，正是墨西哥戰爭後爲着聖腓的交易而要輸送移民與貨物的時候，並且是正當一八六〇年在科羅拉多發見銀鑛後盛行高原交易的時候，所以有急於建設這一交通機關的要求。又加以極西地方人口的增加，爲着輸送貨物，爲着維持聯邦政府的秩序，都有急於建設迅速的交通機關之必要。

議會已經認清了有建設這橫斷鐵道的可能與必要，遂於一八五三年認可調查其經由路線。及至選定鐵道經由路線時，爲着代表地方的利益，當然發生了爭論。這種爭論的對立形勢，顯然分爲南部與北部兩方面恰好遇着北南戰爭這一內亂的時會，能使這一鐵道經由路線得到一個決定。因爲議會中除了代表南部利益的熱烈的反對者以外，都是能够決定的。於是第一次援助大陸橫斷鐵道建設的法案，便於一八六二年在議會通過了。

建設這條鐵道，是由二大公司承辦的，一爲薩克拉門托(Sacramento)的商人及其他成分所組織的 The Central Pacific，賦與了二七、八五五、五六二美元的公共基金；二爲依據一八六二年的聯邦法所組織的 The Union Pacific，受了二七、二三六、五一二美元的援助金。前一公司是從薩克拉門托向東方建築；後一公司是從俄馬哈(Omaha)向西方建築，至一八六九年五月十日，遂於猶他州俄克頓(Ogden)附近兩相結合了。這一橫斷鐵道的完成，實爲規定美國以後的歷史之一重要事件。

在這二公司的建築尚未完成之前，另外又有横斷鐵道建設計畫成立了。這就是一八六四年爲實現紐約對中國貿易的商人之計畫而創設的 The Northern Pacific，也受了特許而成立，並且不久又受了另外建築兩條幹線的特許。從此以後，三十年之間，竟建築了數條横斷鐵道。

（二）電氣軌道

電氣軌道，自一八八四年在堪薩斯（Kansas）市開始敷設以後，便逐漸發達起來；但在都市的郊外開始發達的時候，還在一八九五年以後。電氣軌道的總里數，在一九〇二年約有一七千里；及至一九二二年，則達四四千里，其中有十分之四·一是爲都市與都市的連絡線。結果，電氣軌道的主要任務，不外於供作輸送人口稠密地域的乘客之用。

（三）汽車運輸

實用的汽車，到了一八九三年，纔開始出現於美國。以後約十年間，經過許多的實驗及改良，確有驚人的發展；到現在竟占了美國製造工業的第一位。

一九二八年汽車的登記數，已達二三二六萬輛（占世界登記總數約百分之七六）；又平均計算全美國人口每五人可占一輛，其中約有八分之七是供客用的，其餘八分之一是貨車及免費公用車。

茲就汽車的發達狀況，列表於下：

年次	汽車製造額（單位千輛）		登記輛數（單位千輛）
	總輛數	貨車輛數	
一九〇〇	四	—	八
一九〇五	二五	—	七八
一九一〇	一八七	六	四六八
一九一五	九七〇	七四	二、四四六
一九二〇	二、二二七	三二二	九、二三二
一九二五	四、四二八	五五七	一九、九三七
一九二九	五、六二二	八二七	二六、五〇一
一九三〇	三、五一〇	六〇〇	二六、五二四

汽車的發達，因在郊外電車之外盡了連結市與鄉的任務，以致打破了農村的孤立。而且汽車的發達，又引起了更加改善道路之必要。自一八九〇年以來，即已發生了道路改善運動；及至一八九一年紐佳錫州開始建築鋪裝道路以後，其他各州卽繼而競相建築，又加以一八一六年以來聯

邦政府再度採用國立稅道時代的補助政策後，更加發展，計至一九二九年鋪裝道路的總延長，已達六六二千英里了。

（註一）Shannon, p. 513.

（註二）Ibid, p. 714.

第三章　人口與勞動

第一節　人口狀態

（一）人口增加的趨勢

一八六〇年以後的美國，實有長足的發展。新資源有不斷的發見；新實業形態有迅速的擴充；新市場亦有節節的開發；因而對於實業發展上有不斷的刺戟；對於交通運輸上也有驚人的擴張。凡此種種經濟情況的發展，必然要令人口得到非常的增加。僅就美國本國所有的人口計算，就有下列表格中的增加數量。在前時代的末期，不過僅有三一、四四三千人；及至一九二〇年，則爲一〇五、七一〇千人，已增加了三倍；更至一九三〇年，則爲一二二、七七五千人，已增加到四倍了。

（註一）

人口增加的狀況（單位千）

年次	白人	黑人	其他人種	合計	每十年增加率
一八六〇	二六、九二三	四、四四一	七八	三一、四四三	
一八七〇	三四、三三七	五、三九二	八八	三九、八一八	二六・六
一八八〇	四三、四〇二	六、五八〇	一七二	五〇、一五五	二六・〇
一八九〇	五五、一〇一	七、四八八	三五七	六二、九四七	二五・五
一九〇〇	六六、八〇九	八、八三三	三五一	七五、九九四	二〇・七
一九一〇	八一、七三一	九、八二七	四一二	九一、九七二	二一・〇
一九二〇	九四、八二〇	一〇、四六三	四二六	一〇五、七一〇	一四・九
一九三〇	一〇八、八六四	一一、八九一	二、〇一九	一二二、七七五	一六・一

（備考）一、只就本國人口計算至一八九〇年，印第安保留地居民不在其內。

二、一八七〇年度是推定訂正人口其他年度則爲國勢調查人口。

三、一九一〇年到一九二〇年，又一九二〇年到一九三〇年的增加率，要考慮國勢調查或不正確；如要改正，則其正確的增加率，應分別爲一五・四，一五・七。

在這人口增加的狀態中，可以認定美國經濟在其發展的可能範圍內，勞動的供給量也是要增大的。茲就年齡不同的人口變遷情形，列表於下。（註二）

年齡不同的人口變遷（百分比）

年次	十五歲以下者	十六歲至六十四歲者	六十五歲以上者	計
一八七〇	四一·三	五五·七	三·〇	一〇〇
一八八〇	四〇·〇	五六·六	三·四	一〇〇
一八九〇	三七·六	五八·五	三·九	一〇〇
一九〇〇	三六·四	五九·五	四·一	一〇〇
一九一〇	三三·九	六一·八	四·三	一〇〇
一九二〇	三三·五	六一·八	四·七	一〇〇
一九三〇	三一·二	六三·四	五·四	一〇〇

依上表看來，可知十五歲以下的幼年人口，是相對的逐漸減低了。而十六歲至六十四歲這層於生產年齡的人口，卻有相對的增高。不過生產年齡的人口儘管有這樣的增加（雖是相對的增

加，也可說是絕對的能够成爲非常的增加率；）但在美國經濟的向上期中，還是感受到勞動力的不足，以致工業生產及農業生產都要趨於機械化。

當考察一八六〇年以來的人口狀態時，不能不注意一個變化。這個變化，就是都市區域的大發展。南北戰爭以後，美國經濟發展的主要部門是在製造工業，巳在前面考察過了。製造工業發展後，必然要使人口集中於都市。加以都市所招來的實業的進步及社會的進步，就業機會的廣汎，教育及娛樂機會的容易等等情形，都能驅集人口於都市而移入人數的激增，也是促令都市發達之一原因。

玆以達於二千五百以上人口的區域爲都市，不及此數的地域爲農村，分別就其發展狀態，列表於下。（註三）

年次	單位百萬人			百分比	
	總人口	農村	都市	農村	都市
一八八〇	五〇	三六	一四	七一·四	二八·六
一八九〇	六三	四一	二二	六四·六	三五·四

一九〇〇	七六	四六	三〇	六〇·〇	四〇·〇
一九一〇	九二	五〇	四二	五四·二	四五·八
一九二〇	一〇六	五一	五四	四八·六	五一·四
一九二五	一一六	五三	六二	四五·六	五四·四

由上表看來，一八八〇年的都市人口在總人口中不過是占百分之二八·六，顯然農村人口占優勢。這農村人口占總人口過半數以上的狀態，一直繼續到一九一〇年以後纔逐漸減少；及至一九二〇年，反而都市人口占了總人口的過半數。都市人口這樣優越的情形，當然不能只歸因於都市本身的發展；此外，還由於農村人口增加以後，向來凡是屬於二千五百人以下的農村，現在卻因其人口增加到二千五百人以上，皆一變而屬於都市了，這也是都市趨於優越的一個過程。

總之，都市人口的大增加，是在這一時代中的顯著現象。許多廣汎地域的人口皆集中於都市之後，致令都市與食糧生產地的農村愈相隔離，又因交通機關的發達愈促進人口集中，愈足以造成都市與農村的分離現象。

（二）移民問題

當南北戰爭時移入民是減少了，所以一八六四年由議會制定移民奬勵法。這一法律雖於四年後撤廢；然因一八六七到一八七二年這一時期的繁榮，還是招來了多數的移入民。因爲當時各種產業上，對於勞動力的需要都很大，尤其是這種需要極大的西部各州設了移民局之後，使移入民得到很大的便利，又加以海運競爭的結果，使船費低落，更爲便利，於是移入民便陸續移入到美國。此後雖在一八七三年的恐慌期中曾經一時的減少；及至一八八二年的移民教，卻達七八九千人之多，從此又經一高一低之後，至一九〇七年，竟造成了一、二八五千人的新記錄。及至一九一五年以後，卻又降低了。對於這樣增減不定的情形，應有兩個注意點，一即由於爲繁榮和蕭條所左右；二即由於移入民的大部分都要屬於生產年齡的人們。（註四）

在以前，各州也有制定移民限制法令的；但關於移民限制的聯邦法律，卻始於一八八二年對中國人所施行的移民限制法。以後勞動者方面，更極力主張安於低工資的移民流入之後，足以降低一般勞動者的生活；又加以勞動組合的活動結果，對於移民的限制更爲顯著；而同時入國稅亦

逐漸增加，其在一九〇三年，則從五十先令加到二美元，至一九〇七年更加到四美元，又至一九一

1840年-1930年

美國的移入民

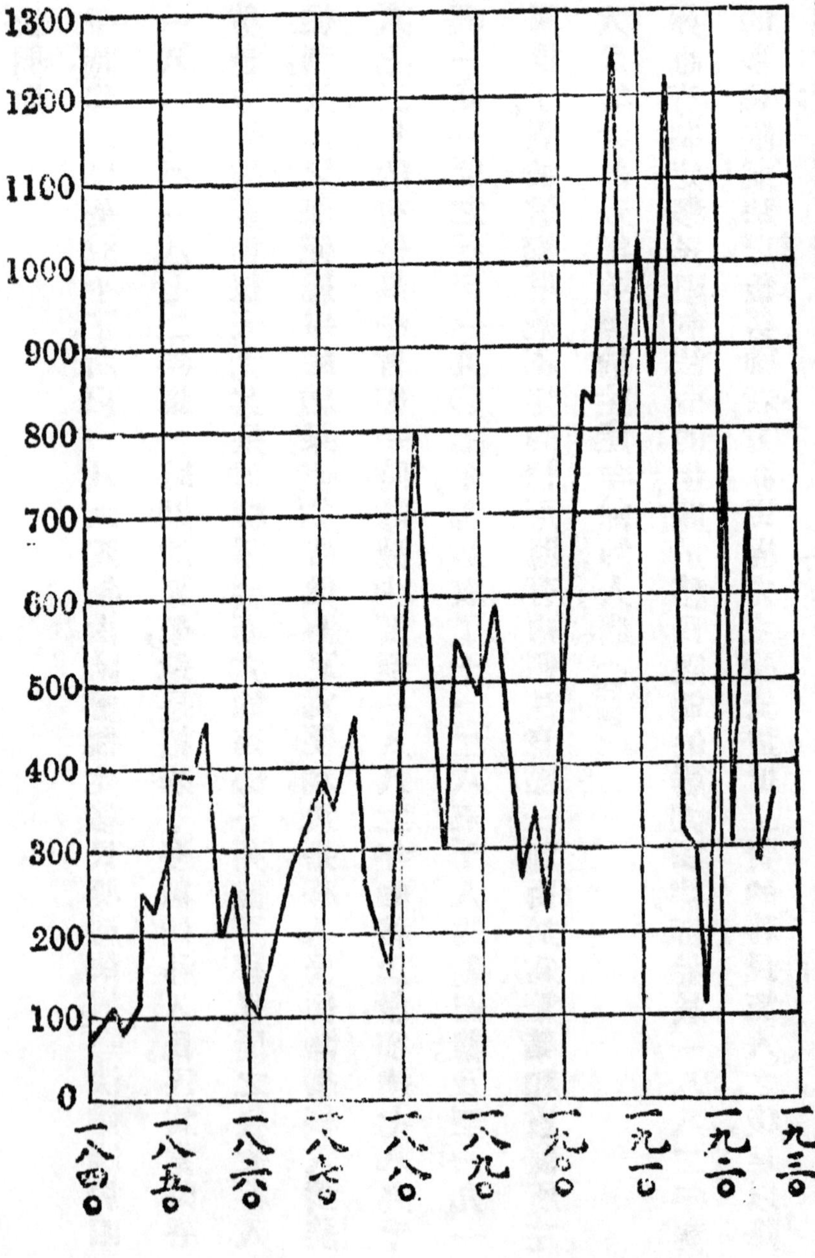

七年竟加到八美元了。直到一九二一年公然以移民比例制的形式，而為絕對的限制。這種限制，就是規定各國每年的移民，只能各依照一九一〇年居住於美國的移民數，移入百分之三；及至一九二四年，更只能各依照一八九二年居住於美國的移民數，移入百分之二；此外，對於日本人，則更絕對的禁止其移入。

茲就一八四〇年至一九三〇年來到美國的移入民情況，列圖如右。

在近代國家中，像美國的人口是那樣從異族構成的情形，恐怕沒有。茲就其構成狀態，列表如左：（註五）

一九二〇年美國人口構成表

種類	總數	百分比
美國生的白人而其雙親皆為生自美國者	五八、四二一、九五七	五五・三
美國生的白人而其雙親之雙方或一方為外國人者	二二、六八六、二〇四	二一・四
外國生的白人	一三、七一二、七五四	一三・〇
有色人及其他	一〇、八八九、七〇五	一〇・三
計	一〇五、七一〇、六二〇	一〇〇・〇

若就上述情形而考察美國人口在這一時代的趨勢，約有下列數點：

（一）一八六〇年以來美國的人口，在其絕對數之中雖大爲增加，但其增加率卻有漸減的傾向，尤其是歐戰後，更有顯著的低落。

（二）黑人人口的增加率，不及白人人口的增加率。

（三）白人人口的增加率，又不及移入民的增加率。

（四）人口集中於都市的傾向，正在逐漸顯著。

（五）生產年齡的人口，正在相對的增加。

（註一）The Statesman's Year-Book, 1933, p. 448.

（註二）Recent Social Trends, op. cit. p. 276.

（註三）Edwin R. A. Seligman, The Economics of Farm Relief, A Survey of the Agricultural Problem, 1929, p. 11.

（註四）Bogart, p. 603.

（註五）Ibid, p. 606.

第二節　勞動階級的成長

美國實業之急速的發展，一方面固然要徹底利用機械力；同時他方面對於勞動力的需要，也要不斷的增加。所以美國工業化的過程中，必然的促進了工資勞動者階級的成長。而資本家的生產方法之普遍化之發展，更足以促進其成長，以至於資本與勞動的關係，成了近代極重要的事項。以下且就這一問題考察一下。

美國人口在一八六〇年以後有很大的膨脹，已在前面說過了。不過人口的膨脹，須有足令其膨脹的基礎纔有可能，其基礎如果不存在，是決不能膨脹的。這個基礎，顯然是這一時代中的經濟發展。膨脹中的人口，無論從事何種職業，都是能夠生活的。

且在這實業發展及資本主義發達的時代中，職業人口之不斷的增加，是可以得到保證的。茲就一八七〇年到一九三〇年就業人口的比率，列表於下。（註一）

年次	總人口 總數	總人口 男子	總人口 女子	十六歲以上者 總數	十六歲以上者 男子	十六歲以上者 女子
一八七〇	三二·四	五四·七	九·六	五二·二	八八·六	一四·八
一八八〇	三四·七	五七·八	一〇·七	五四·〇	九〇·六	一六·〇
一八九〇	三七·二	六〇·二	一三·一	五五·八	九〇·五	一九·〇
一九〇〇	三八·三	六一·二	一四·二	五六·五	九〇·五	二〇·六
一九一〇	四〇·六	六二·九	一七·〇	五九·〇	九一·一	二四·三
一九二〇	三九·六	六一·八	一六·五	五八·一	九〇·五	二四·〇
一九三〇	三九·八	六一·三	一七·七	五七·一	八八·〇	二五·三

能夠勤於任何職業的人口自一八七〇年以來，是顯然增加了。就其與總人口的比率看來，在一八七〇年，男女合計共占百分之三二·四；而在一九一〇年，則爲百分之四〇·六，以後雖有多少的低落，總是近於百分之四〇。又就十六歲以上的生產人口看來，其在一八七〇年爲百分之五二·二；而在一九一〇年則達於百分之五九，以後雖有相當的減少；然在一九三〇年尚達百分之

五七·一，而高過了標準年。在這就業人口比率的增加傾向上，尚有一個注意的現象卽就業人口的增加，其中以十六歲以上的男子所占的部分爲少。其在十六歲以上的生產人口中所占的比率，在一八七〇年爲百分之八八·六至一九一〇年曾上昇到百分之九一·一；及至一九三〇年，卻低到百分之八八，而降到標準年以下了。不過就總數上說，其在一九一〇以後雖低落了；然與標準年相較還是很高的。這種事實，就是證明女子勞動力的增加。就十六歲以上的女子就業者的比率看來，其在一八七〇年爲百分之一四·八以後卻逐漸上昇，至一九三〇年，竟占到百分之二五·三的最高比率。固然男子在絕對數當中，以人口增加爲比例，其就業人口也是增加的（只要在人口增加率中，其就業率不低落，卽有絕對數的增加；）但在相對數當中，其就業人口的增加，卻沒有多大的重要性。反而婦女勞動的增加，倒有很大的意義。除了婦女勞動之外，十六歲未滿的兒童勞動，也要注意其重要性，這是依前表可以推定的。因爲十六歲以上的男子就業的比率，不及在總人口的男子就業的比率，這就是證明十六歲以上的男子，在總人口中男子就業的比率中，是很少增加的。這也就是暗示十六歲未滿的男童勞動，是顯然增加了。

因之依這就業人口統計的分析，可以得一個結論，即在這一時期中勞動力增加的主要源泉，不是已屆生產年齡的男子；而是婦女及兒童。不過這也不是絕對的，而是相對的。

勞動階級的成長，以及勞動力構成狀態的變相，已如上述；此外還有比較重要的事實應當注意的，就是就業人口究竟是從事於若何職業，且向若何職業而移動？如果分析了那種職業類別的人口構成狀態，即足傍證美國實業發展的傾向，而且可以明白其勞動階級的成長，是在若何部門中爲顯著。

茲就十六歲以上的生產人口在各種職業上的變遷，列表於左。（註二）

實數（單位千人）

年次	農業	鑛業	製造及機械工業	商業及運輸	事務員	家事使用人	公務從業者	自由業者	總數
一八七〇	六、四二八	一七二	二、六七四	一、一〇四	二〇六	一、一六八	七三	三三八	一二、一六四
一八八〇	七、八三〇	二五二	四、〇三三	一、七四一	三三〇	一、四三七	一〇七	五四三	一六、二七四
一八九〇	八、九七三	三八八	五、七四三	二、九六九	五四三	二、一三三	一八五	八八〇	二一、八一四

一九〇〇	九、八〇二	五七六	七、五三七	四、四四五	七八一	二、七二六	二六〇	一、一九六	二七、三二三
一九一〇	一〇、八七二	九四八	一〇、二五三	六、二二三	一、六三五	三、八〇五	三八二	一、七二七	三五、八四五
一九二〇	一〇、五二四	一、〇八三	一二、四二五	七、三六〇	二、九五二	三、六〇五	六四二	二、二〇三	四〇、七九三
一九三〇	一〇、二四二	九八三	一三、七九〇	九、九六三	三、九三五	五、四四八	六九二	三、一一〇	四八、一六三

百分比									
一八七〇	五二·八	一·五	二二·〇	九·一	一·七	九·六	〇·六	二·七	一〇〇·〇
一八八〇	四八·一	一·六	二四·八	一〇·七	二·〇	八·八	〇·七	三·三	一〇〇·〇
一八九〇	四一·二	一·八	二六·三	一三·六	二·五	九·七	〇·九	四·〇	一〇〇·〇
一九〇〇	三五·九	二·一	二七·五	一六·三	二·八	一〇·〇	一·〇	四·四	一〇〇·〇
一九一〇	三〇·三	二·六	二八·六	一七·四	四·六	一〇·六	一·一	四·八	一〇〇·〇
一九二〇	二五·八	二·七	三〇·五	一八·〇	七·二	八·八	一·六	五·四	一〇〇·〇
一九三〇	二一·三	二·〇	二八·六	二〇·七	八·二	一一·三	一·四	六·五	一〇〇·〇

依上列統計看來，最明瞭的地方，就在人口從農村經濟關係，移到都市經濟關係這一點。在一

八七〇年的時候，從事於農業的人（其中包含農夫、農場勞動者、漁夫、樵夫等類，）原來占總就業人數的過半數。其後雖降低到半數以下；然至一九一〇年爲止，還是能够維持其首席的地位。及至十年後，遂不得不讓位於製造工業及機械工業了。從事於這些工業的人們，都有絕對的或相對的增加，這顯然是反映了美國工業化的形態。

此外，在這時期中還有一個應當注意的地方，即從事於商業與運輸的人們及事務員的增加。因爲國內市場的擴大與生產增加，必然要令商業膨脹，要令交通機關發達，所以從事於這些流通經濟關係的人們，便有急速的增加。此外又因公司組織的發達與企業經營規模的擴大，以致成長了薪金生活者階級，而令事務員有非常的增加。

所以若從職業人口的構成方面加以考察時，可知農業早已不是美國經濟的基礎；其製造工業，卻成了基礎的產業，因而都市經濟關係，便取得了支配的地位。從此工資勞動者，便形成了最重要的階級，而使勞動問題具有最重要的意義。

（註一）Recent Social Trends, p. 274.

〔註一一〕 Ibid, pp. 281—282, p. 284.

第三節　勞動組合運動

由手工業生產推進到機械工業生產這一過程中，必然要促進分業，而使不熟鍊的勞動可以代替傳統的舊技術；同時並加深了勞動者附屬於資本所有者的依存關係，以致發生了新興社會階級的分化。所以勞動組合運動，便由此而興。加以運輸交通機關的改善使市場趨於全國化以後，又必然要引起全國的勞動組合運動。

南北戰爭以前，也有過勞動者的組織；但通常僅視為地方的問題，多為要求增加工資與縮短勞動時間這一時的目的而形成組合的。貫徹了這些目的之後，則組合的任務即告終結，而回復其平穩狀態。但是南北戰爭以來，因為美國工業化的進展與工資勞動者階級的成長，而使勞動組合形成了恆常的組織。此後又因移入民之不斷的增加，急欲對於移民競爭所發生的勞動條件之低落傾向加以阻止，更加促進了勞動組合的發展。又加以由小規模的經營推進到大規模的經營之後，更切斷了向來店東與徒弟的關係，而將人類的關係都換成資本與勞動的關係，只有經濟的利害關係，瀰漫了全社會。

在一八七三年前的十年間，曾就全國各種實業，結成過二十六個勞動組合，企圖阻止勞動條件的低落。但是只有個別的組合是不够的；必定要結成單一的勞動組合，具有政治的觀念，纔有進一步的意義。

及至一八六六年在巴爾的摩爾開全國勞動會議時，在西爾維斯的指導之下，組織了全國勞動組合(The National Labor Union)。但是這一組合，還是帶有地方的組合，實業組合，及八小時勞動聯盟等性質，卽令說是全國的組合，也不過是一種鬆懈的組織，依然不免於脆弱。

總之在南北戰爭後，關於失業救濟及八小時勞動問題，勞動者因爲要抗爭，所以要以自助的方法，極力提倡協同的組合運動。及至全國勞動組合對於政府的紙幣政策提倡擁護之後，勞動運動，纔有一種新的轉變，而趨於政治運動化。但是這一運動一經失敗，卽於一八七二年歸於崩潰了。除這全國勞動組合之外，同時還有一大可注意的組合結成了。這一組合，就是所謂勞動騎士團（The Knights of Labor），是在一八六九年組成的，以菲列得爾菲亞的裁縫師史迪文斯Uriah S. Stevens）爲領導者。他認爲教育了勞動者，使其有協同的組織之後，即可完全廢除工資制度。所以他的主要原則，即在同盟與教育及生產者的協同組合。在這原則之下，他是反對同盟罷工，維持調停的。此外，他還有一個特點，即在不重視職業的類別；主張把那各個人疎隔的利益，融和在全體的利益之中。換言之，即不重視個別的個人或個別的團體的利益；而以增進全體勞動者的利益爲目的。其理想主義的色彩之濃厚，即此可見。

然而這個團體，卻很發達，其在一八八六年這一最盛期中，已有七十三萬團員。此後，這勞動騎士團因爲達其目的的方法不能統一，以致政策分歧，有的簡直主張同盟罷工，竟至於作了實際的行動。隨後更因對於這團體中沒有組織的熟練工所形成的勞動組合實行鬬爭，以致政策上諸多困難，從此以後，這團體的勢力，遂趨於沒落，而令其團員皆加入於美國勞動總同盟（The American federation of labor）之中。

美國勞動總同盟的組織化，在一八八一年由不滿勞動騎士團支配的二六二千人的聯合即已開始。而其名稱則爲一八八六年在俄亥俄首都實行組織的時候所加的。至其組織原則，恰與勞動騎士團相反，即先將各種職業的勞動者，組織起來，然後再將一切的勞動者結合爲一大同盟。這總同盟，在龔柏斯（Gompers）的指導之下，逐漸與勞動階級以很深的影響，在十九世紀末葉，其盟員尚不過五四八千人；及至一九二〇年，即已增加到四、〇七八千人。這一年的美國工資所得者的男子，簡直有五分之一是加入了這個組織的。但至一九二八年，卻降落爲二、八九六、〇三三人了。

總同盟的主要目的，即在結合各勞動組合以圖相互的扶助，爭取勞動立法以謀勞動階級的利益，力圖勞動狀態的改善。爲要達到這種目的，所以不能不主張同盟罷工及同盟抵制等手段。可是到了以後，構成總同盟的各勞動組合員，卻有僅以熟練工爲限而拒絕不熟練工的傾向。又加以總同盟本身組織鬆懈，加盟的各組合，都是各自獨立，以致內部的統制，極感困難。所以到了最近，有急於採用新形式的組織之必要。

這種新組織，就是將同一實業中各種職業的勞動者，在單一統制之下結合起來，即採所謂實業組合主義(Industrial Unionism)而成。I.W.W.(Industrial Workers of the World)，即其新例。

I.W.W.是在一九〇五年開始組織的，到了一九一二年要組織製材與纖維以及其他的不熟練工的時候，便占了優勢。

這樣的勞動組合運動，當然是隨着資本主義經濟機構的發展而俱來，所以在勞動組合中的勞動者數量，特別的增大起來。就其最近數量說，雖在大戰後一般的危機釀成期中逐漸低落了勞動運動的高潮；但是到了一九三〇年時，尚有三、四〇七千勞動者加入組織，其在一般就業人口中，還占百分之七。若與一八九〇年只有三〇〇千組合員相比，在這四十年之間，實已增加了十倍。茲就最近的組合員數，列表於左。(註)

年次	勞動組合員數
一九一〇	二、一八四、二〇〇
一九一五	二、六〇七、七〇〇

一九二〇	五、一一〇、八〇〇
一九二五	三、五六七、七〇〇
一九三〇	三、四〇七、六〇〇

組合運動固然這樣發展，有組織的勞動者數量固然增大；但就一般的看來，美國的勞動組合運動，除了鑛工及被服職工之外，可說其主要的活動，只限於上中流的工資勞動者團體，其鬬爭方針，在大體上都是保守的。尤其是總同盟更有這種情形。

(註) Recent Social Trends, op. cit. vol. II, p. 832.

第四節　勞動條件與其改善

（一）勞動工資

組織化的勞動者羣有一個要求，就是經過他們的努力而提高工資。以這要求作爲勞動爭議時，常有下列兩種情形。一即對於資本家方面藉市況蕭條及其他原因而減低工資的事件，起而反抗。一即對於貨幣價值低落物價高騰後在實質上降低了工資的事件，起而抗爭。

因爲南北戰爭期中及以後通貨的混亂，所以爲阻止勞動工資在實質上的低落而要提高工資的抗爭，常爲美國的全國勞動組合所風行。

一八七三年的恐慌，也曾一時的發生過工資低落與失業者增加的事實；但是到了一八八〇年時，勞動工資卻達到了向來沒有的高水準。以後更於一八八〇年到一八九〇年這一最繁榮的時期中，除掉一八八四年的不景氣之外，工資總是上昇的。

美國的資本主義既是走到上昇線，則其勞動工資也要不斷的上昇。所謂恐慌的發生，就是爲要回復更高的水準去解決矛盾。所以就全般的看來，美國的勞動工資無論在名義上或實質上，都是晝的上昇線，計自一八六〇年到一九〇〇年，增加了二倍，自一九〇〇年到一九一三四年，又增加了二倍，自一九一三年到一九二七年，再又增加了二倍。茲就其發展情形，列示圖列於下（註一）

美國的工資與物價

自一八二〇年至一九三〇年 一九一三年=100

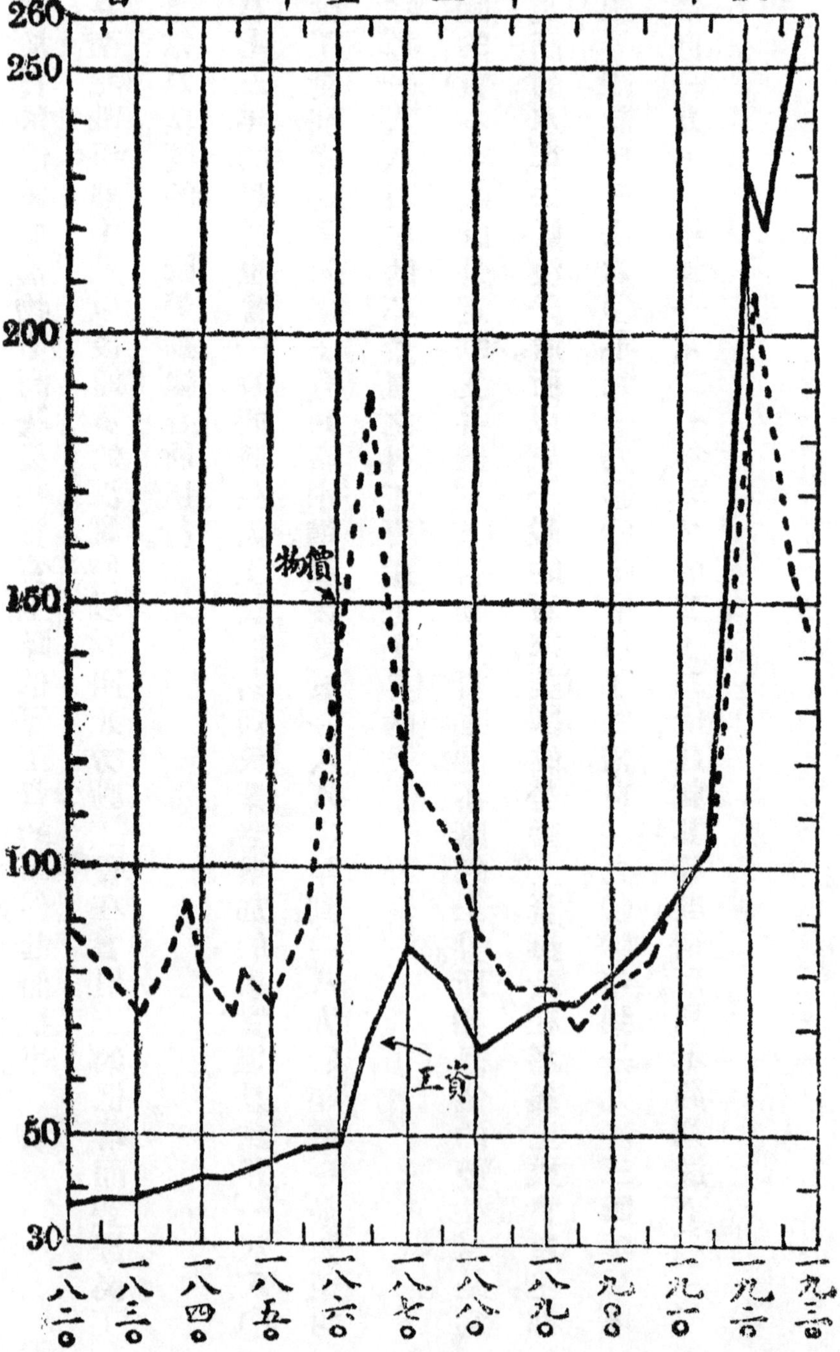

茲又就其數字列表於下。（註二）

從事於製造工業，炭坑業，運輸業的勞動者一年所得的平均工資（失業者除外）

年次	一年平均工資（美元）	指數（一九一四年＝一〇〇）貨幣工資	實質工資
一八九〇	四三四	八〇	一〇七
一八九一	四三一	七九	一〇九
一八九二	四四六	八二	一一二
一八九三	四〇一	七四	一〇二
一八九四	三四〇	六三	九〇
一八九五	三七九	七〇	一〇〇
一八九六	三五八	六六	九二
一八九七	三六三	六七	九三
一八九八	三七〇	六八	九四
一八九九	四一二	七六	一〇三

一九〇〇	四二七	七九	一〇三
一九〇一	四五三	八三	一〇八
一九〇二	四七一	八七	一〇九
一九〇三	四九二	九〇	一〇八
一九〇四	四六九	八六	一〇四
一九〇五	四九五	九一	一一〇
一九〇六	五一一	九四	一一〇
一九〇七	五三七	九九	一〇九
一九〇八	四五四	八四	九六
一九〇九	五一六	九五	一〇九
一九一〇	五六一	一〇三	一一二
一九一一	五四一	九九	一〇四
一九一二	五六六	一〇四	一〇九
一九一三	五八六	一〇八	一〇九

一九一四	五四四	一〇〇	一〇〇
一九一五	五四四	一〇〇	一〇二
一九一六	六七一	一二三	一一五
一九一七	七九五	一四六	一一四
一九一八	一、〇二七	一八九	一二〇
一九一九	一、一六七	二一五	一二〇
一九二〇	一、三七九	二五三	一二三
一九二一	一、〇〇八	一八五	一〇五
一九二二	一、〇二七	一八九	一一四
一九二三	一、二五六	二三一	一三七
一九二四	一、一九六	二二〇	一三〇
一九二五	一、二六二	二三二	一三四
一九二六	一、三〇四	二四〇	一三八

就上表看來，年平均工資，自一八九〇年到一九二六年，實已上昇到三倍。但是同時一般物價

的騰貴，這是要注意的，所以就實質上的工資而言，其增大率便小了，不過約增加百分之二九。社會生活之一般的水準既然上昇了，而勞動工資仍不過增加百分之二九，這可說勞動階級的生活條件還是相對的沒有得着改善。其要求改善生活的運動，便因而發生。

（二）勞動條件的改善

同盟罷工，當然是勞動組合所把握的最強有力的武器。如果組合員有了鞏固的組織，一旦同盟罷工，即可切斷勞動的供給，實於企業經營中發生很大的困難。

可是初期的美國勞動組合，卻不欲採用同盟罷工這種戰術，如勞動騎士團就是主張不必罷工而由調停的方法解決爭議的。及至近代企業經營的發展與勞動組織的勢力加增以後，動輒訴諸同盟罷工的事件，便逐漸增加起來。

美國勞動階級的勢力成長後，其最初的一個重要的罷工，就是一八七七年的鐵道罷工。若就十九世中的高潮期而言，要以一八八六年爲最盛。這一年許多的罷工，都是由政策分裂期中的勞動騎士團主持的。但因諸多失敗，以致勞動騎士團的勢力日趨於沒落。

此外，可以視爲歷史上的罷工的，尙有一八九二年對於卡內基(Andrew Carnegie)主辦的鋼鐵公司的罷工，一八九四年對於巴爾曼(Pullman)地方的車輛公司的罷工，一九〇二年的無煙炭坑夫的罷工，一九一九年的鋼鐵工的罷工，一九二二年的鐵道工的罷工，這都是有名的罷工事件。

茲就下表所列的最近罷工次數看來，足見美國資本主義於一九二六年後所稱爲最繁榮的時候，是非常減少了。(註三)

勞動爭議數

	一年平均爭議數	其指數	一年平均爭議人數	其指數
一九一六——二一年	三、五〇三	一〇〇	一、七九八、八〇九	一〇〇
一九二二——二五年	一、三〇四	三七	八六三、〇五一	四八
一九二六——三〇年	七九一	二三	二四四、九四九	一三

勞動條件的改善，一方面固然由於勞動者方面的努力；同時他方面也由於政府方面出於社

會政策的見地與勞動運動的壓力，而制定勞動法規，能使勞動階級的生活得到相當的保護。

在以前有廣大的公有地可以自由的居住時，對於勞動者利益的保護，當然不會感覺到有若何的必要，尤其是在南北戰爭前，對於保護勞動者的積極的設施，可說是一點也沒有。

及至一八六六年，纔有馬薩諸塞開始規定十四歲以下的童工只能勞動八小時。從此以後，女工及童工勞動時間的限制及監督工廠制度，逐漸爲各州所採用。可是對於成年男工的勞動保護立法，直到十九世紀末葉還是沒有何等的發展。關於這一點，實有一個不能忽視的原因在，即由於美國當時的勞動者專存自助之心，不依靠政府的傾向太強而使然。

關於勞動時間的立法，雖於十九世紀中葉即已開始；但在一八六〇年的平均勞動時間仍爲十一小時，一八九〇年則爲十小時，一九二七年則爲九小時，總沒有實行過八小時的勞動制度。所以關於勞動時間的限制，除官營產業之外，其他製造工業，都是僅對婦女及少年而設。各州的立法，且有完全禁止使用少年勞動的規定，或縮短其勞動時間，或禁止其作夜工。至若對於成年男工的勞動時間，卻沒有立法上的限制，皆由團體協約自行訂之。對於一般製造工業的勞動時間用法律去限制的，不過只有三州。惟關於公共事業的勞動時間，已由聯邦政府及半數以上的各州規定了八小時的勞動制。其餘關於鐵道、鑛山、製鍊所的勞動時間，也有由州法加以限制的。

此外，關於最低工資的規定，至最近纔發達，且有這種立法的州，實居少數，只有馬薩諸塞州纔於一九一二年開始規定了最低工資制度，以後倣行的，也只有十二州。

又就社會保險而言，直至一九〇八年，纔認定雇主對於被雇者在業務上所受的災害有應負的責任。且至一九一四年又因憲法修正的結果，可以制定強制補償法，以致各州都制定了勞動者補償法。但是關於疾病、年老、失業等保險制度，已爲歐州所習見，然在美國卻尙沒有達到提倡的階段。

（註一）Bogart, p. 627.

（註二）Paul H. Douglas, Real wages in the United States 1890—1926, 1930, p.468.

（註三）H.M. Douty, The Trend of Industrial Disputes, 1922—1930. Journal of American Statistical Associations, June, 1932, vol. 27. p.169.

第四章 貨幣金融及財政

第一節 法定紙幣

美國自制定憲法以後至南北戰爭爲止，未曾發行過紙幣，只有國庫券在一定的範圍內流通過。當時的法定通貨只有金貨和銀貨。及至南北戰爭勃發，僅靠銀行機關與政府的國庫制度決不足以調達戰費。於是要發行公債以資流通，因爲政府由發行公債所得到的現金，除掉將來要償還公債之外，卽可暫不流通，所以戰爭開始後幾個月見不着正貨的支付。政府僅用平價來發行公債的計畫，歸於失敗以後，就要發行紙幣了。

計一八六二年二月，發行過一五〇百萬美元的紙幣，同年七月又發行過一五〇百萬，及至一八六三年再又發行過一五〇百萬（一月只承認發行一〇〇百萬，到了三月纔增額爲一五〇百萬，）這三次發行法定紙幣的總額，共爲四五〇百萬，計至一八六四年六月三十日爲止，其現實的總額，確有四三一百萬之多。這樣看來，南北戰爭勃發後二年間，政府卽靠發行紙幣，以爲戰費的調達。可是爲着保持紙幣的流通性，當然要附與以法定的效用，所有工資及物價都要依這紙幣而表現其價格。這就是當時所稱的綠背紙幣（greenbacks）。

這種紙幣當一八六二年發行的時候，原是有償還規定的，以後纔撤銷這種規定，而成爲不兌現紙幣。從此紙幣價値，便低落下去，金貨一美元的價值，簡直可以等於紙幣三美元。這種不兌現紙幣的發行，又足令戰費大爲增加。因爲發行價値低落的紙幣愈多，則用紙幣計算的物價，自必愈騰貴，其結果，政府爲要對於一定量的財貨增加支付，所以又不得不發行多額的公債。

綠背紙幣發行之後，不僅令政府的負擔加重，並且一般國民也因紙幣價値的低落而增加了負擔，舉凡工資勞動者及薪金生活者或定額所得者這些人們，都因其收入的增加趕不上物價的騰貴，所以購買力都要減退下去。茲就物價與工資的變動，列表於下：（註）

年次	物價	貨幣工資	實質工資
一八六〇	一〇〇·〇	一〇〇·〇	一〇〇
一八六一	一〇〇·六	一〇〇·八	一〇〇
一八六二	一一七·八	一〇二·九	八七
一八六三	一四八·六	一一〇·五	七四
一八六四	一九〇·五	一二五·六	六六
一八六五	二一六·八	一四三·一	六六
一八六六	一九一·〇	一五二·四	七九

（備考）指數是以一八六〇年爲基準，皆爲單純平均數。

據上表看來，可知物價在一八六五年的最高點爲二一六·八；而貨幣工資不過上昇爲一四三·一，因而實質工資，卽低落爲六六，其在一八六六年則低落爲七九了。

戰爭告終後，卽於一八六六年以法律收回綠背紙幣，約經二年之久，慢慢的收回了；可是紙幣收回之後，又恐物價暴落，引起恐慌，所以一八六八年又禁止收回，此後十年間關於綠背紙幣的問題，遂成了政治上論爭的集中點。

當一八七二年的恐慌時期，政府又要發行綠背紙幣，計自一八七三年三月到四月，發行了二六百萬美元的紙幣，又於一八七四年四月發行了四〇〇百萬。可是一八七五年一月召開的議會中，卻反對前政府所採用的紙幣政策，通過了償還法，所以綠背紙幣的流通額達到三〇〇百萬美元時，卽行收回了。但是對於這種收回的政策，又起了猛烈的反對，主張紙幣政策的論者之力事攻擊，自不待言，此外，當時頗有力量的勞動組合，也是一樣，並且全國勞動組合還提倡紙幣不兌換主義，作爲政治的抗爭。其抗爭中曾有下列種種的要求：（一）廢止現貨支付的償還法；（二）要政府發行紙幣可以兌換利息不過一分的債券；（三）停止銀行券；（四）金債券不能賣給外國市場。政府爲了這種政治上的壓力，不得不於一八七八年停止收回紙幣。但是政府此時對於收回紙幣的金準備盡量籌好以後，竟於一八七九年收回了現存額的百分之四〇，從此紙幣價價逐漸上昇，而能平價了。加以政府的金準備又因貿易的順利得到很大的數額，且因一般經濟界受到繁榮的利益，所以綠背紙幣，還能仍舊存在，以至於今日。

（註一）Bogart, p. 714.

第二節　國立銀行制度的確立

在南北戰爭時及以後，尙有一個重要的金融問題，卽爲依據一八六三年二月的法律所設立的國立銀行制度（The National Banking System）。這一國立銀行制度的形成，也可說是南北戰爭的一個結果。

在國立銀行制度沒有成立以前，銀行業務，皆由州銀行經營，確是非常混亂的。各州銀行各依二十九種不同的州法而設立，各有不同的特權與義務，各有不同性質與數量的銀行劵，在這混亂情形之下，所以有急於改革與統制之必要。在政府方面，當然希望用安全的國家紙幣來代替混亂的銀行劵。適逢南北戰爭勃發以後，合衆國的證劵是需要市場的，因此專利用國庫那種獨立制度，自有困難，換言之，卽專靠國立銀行來購入政府證劵，一時頗難實現，畢竟政府證劵的市場價値到了百分之九〇的時候，便許可了流通銀行劵的發行。及至流通銀行劵逐漸推廣以後，又與政府紙幣相競爭，以致政府紙幣也受了限制，政府紙幣既然受了限制，所以發行銀行券的獨占，也要爲國立銀行所保證。

自從國立銀行設立後，在州法之下設立的銀行，雖然還是繼續的存在；可是對於這些州立銀行所發行的銀行券因爲課加了百分之一〇的禁止稅，所以事實上州立銀行簡直是失掉了發行銀行券的權限。

這國立銀行制度，不是任何人都能贊成的。首先要反對的，就是向來依州法設立而受特許發行銀行券的各銀行；此外，還有切望發行不兌換紙幣的勞動組合分子，也是反對的。

可是國立銀行，還是逐漸的發展，其在一八六四年只有四六七所分行，資本額也只有七五、二一三千美元；及至一九二〇年，則增加到八、〇一九所分行，資本額則增加到一、二二〇、七八一千美元了。

國立銀行制度，固然是逐漸的這樣發達；但其成立以來的缺陷，還是不能免掉：第一銀行券發行之無柔軟性；第二只有百分之二五的準備金，使信用制度缺少彈力性；第三是小自治體不很適當；第四易使資金集中於大中心地；第五是與國庫的關係不良。因有這些缺陷，遂大有確立聯邦準度制度之必要。

對這國立銀行制度的缺陷發生議論的時候，正遇着一九〇七年的恐慌，議會爲着緊急的措置，卽於翌年制定了 Aldrich-Freeland Act。制定這一法律的目的，是在給與發行銀行券以很大的彈力性，無論是政府證券，或是州或市鎮發行的證券，都要得會計檢查官的承認，纔有了發行的基礎，纔可使用。以後又組織了國家貨幣制度委員會（National Monetary Commission），令其研究銀行狀態，於是根據這委員會的報告，而成立了聯邦準備制度。

聯邦準備法（Federal Reserve Act），是於一九一三年十二月制定的，至一九一四年十一月，便開始實施現行的聯邦準備制度。這準備法的目的，除對向來國立銀行制度內在的無彈力性與無協同性加以矯正之外，尤在力圖中央銀行制度的確立。就這種制度的組織說，約有下列三種主要的要素。

第一爲聯邦準備局（Federal Reserve Board）與聯邦諮詢委員會（Federal Advisory

Council）第二爲十二家聯邦準備銀行；第三爲加盟銀行，凡是國立銀行，都非加盟不可。聯邦準備局，不是銀行，而是對於銀行業務作一般指導的機關。聯邦諮詢委員會，是與準備局籌商銀行業務的機關。

此外，又分全國爲十二區，一區設一聯邦準備銀行。這準備銀行的任務，即爲銀行的銀行。各加盟銀行是立在交易的先頭，這些準備銀行須對於加盟銀行的儲金，對於加盟銀行所發行的銀行劵有充分的準備。這種銀行劵，是由重貼現爲商業票據或現金所保證的。所以這個準備率，要低於國立銀行的證劵額；又加以商業票據既爲保證之用，自必更要考慮發行銀行劵須與商業需要相適應。

這種期望，卻因美國參加歐戰之故，以致準備銀行對於政府債劵所保證的證劵不能不重貼現。不過聯邦準備制度，對於巨額的國債及戰時財政，總算有了很大的貢獻。

第三節　銀問題與金本位的確立

在一八七三年以前，因爲銀價在美國貨幣法上向來是低於市場價格的，所以向造幣局提供白銀的人可說沒有；又因同年貨幣法的改正，而使銀元將要被排除於鑄造貨幣之外。從此銀的價格，便開始低落。不過白銀向爲極西部各州一種極重要的產物，白銀生產者爲着銀的利益，他們的活動方向，不僅運動了這幾州，而且與希望增加政府紙幣的黨派結合起來，共同進行，於是銀貨造幣法(Silver Coinage Act)，竟於一八七八年制定了。政府依據這法律，每月購入的白銀要能夠造出二百萬元以上四百萬元以下的銀貨，至一八九〇年爲止，已有三七八、一六六千美元的銀貨，參加到美國的貨幣之中了。貨幣有了這樣的增加，當然要使貨幣價值低落下去。而在實際上其所以看不到低落的情形的，一方面卽由於當時人口及實業的發達。他方面卽由於國立銀行劵因國債價格騰貴而減少其發行數額，申言之，卽由於銀行劵既然減少了發行額，各銀行卽可受償其所承銷的國債，以當時業經騰貴了的價額而出賣國債，當然是利益的。在這種情形之下，所以能夠掩蔽貨幣價值的低落。

可是白銀的價格，以後還是繼續的低落，因之白銀的生產者，又要爲白銀的利益而活動，活動的結果，復於一八九〇年制定了新銀法（即 Sherman Act）。從此政府每月要購入白銀可以鑄造四百萬元的銀貨，這種支付是規定由國庫證劵爲之。因之吸收白銀的銀貨又添加了許多。

及至一八九三年的恐慌發生後，議會召開臨時會議，遂決定廢除一八九〇年的銀法，從此以後，銀貨即不能有絲毫的增加了。

以後政府又爲維持現金兌換的能力，於一八九四年及一八九五年發行了三次公債，擡高了流通貨幣的價值。又加以一八九三年恢復了實業界的繁榮之後，對於維持紙幣及銀貨的兌換，已不感覺有何等的困難。

及至一九〇〇年，爲着貨幣制度上要強固金的基礎，始制定了金本位法（Gold Standard Act）。依據這個法律，是以二五・八 grain 的金元爲價值單位的標準。從此便規定了一五〇百萬美元的準備金。對這準備金又有這種規定：即政府爲普通支付時應當保有準備金；如果準備金減少到一〇〇百萬美元時，政府得發行公債，增加準備金的額數。

第四節　財政情況

南北戰爭前，美國財政上的歲入，大都依靠關稅及土地的發賣，很少依靠國內稅的情形，已在前面說過了。至於以後的情形，卻顯然與以前不同了。這就是由於美國的經濟情形變遷，影響到財政方面的緣故。

當南北戰爭勃發的時候，依靠稅租來調達戰爭，是極其有限，主要的就在依靠發行公債與紙幣。計自一八六一年到一八六五年，公債已發行了二、六〇〇、七百萬美元，紙幣已發行了四五〇百萬美元。這就是由於戰費超過了歲入，不得不如此，在這期間中，每年總是歲出太多，歲入不足。歲入不足的巨額，在一八六一年爲二五、二百萬美元，在一八六二年爲四一七、七百萬美元，在一八六三年爲六〇六、七百萬美元，在一八六四年爲六二一、七百萬美元，在一八六五年爲九七三、一百萬美元，這顯然是逐年增加的。

政府爲着調達戰費，一方面固然要採借債政策；同時他方面也不能不力圖通常收入的增加。從此國內稅的加徵，即須逐漸實行起來。一八六一年的關稅法，一方面是以保護工業爲目的，他方面也是以增加收入爲目的。此外，一八六一年開始實行的所得稅，也有相當的收入。

實行國內稅的加徵政策以後，果於一八六三年以來在收入方面有很大的增加。國內租收額，確多於關稅了。但是這種政策因單純以增加稅收爲目的，當然對於國內實業的發達或國民的生計不無阻礙，所以自一八六六年以後，這種政策經過了幾次的改正，終於一八七二年廢止了所得稅。從此以後，國內稅的收入卽從一八六六年的最高度而逐漸低落下去，以致關稅的收入重因提高稅率與增加貿易量而能維持其高水準，終於十九世紀占到收入的第一位。

及至踏入二十世紀後，因國內商業及消費經濟的發展，國內稅的收入又復增加起來。如一九〇九年公司稅的課賦，一九一三年所得稅的復興之後，歲入的大部分又爲國內稅所占有。並且以後漸由間接稅推進到直接稅，由大衆課稅推進到所得利潤課稅，以至於確立了近代的租稅體系。一九二一年以後對於所得及利潤的課稅，在國內稅中所占的成分，竟達三分之二以上。

當美國經濟的上昇期中，其國家財政可說是安定時期。除了南北戰爭、一八七三年的恐慌、一八九三年的恐慌、美西戰爭、一九〇七的恐慌以及參加世界大戰等特別時期外，大都能有歲入剩餘金，而尤以一九二一年以後的歲入剩餘金爲最多。

由下列的歲入歲出對照表看來，即可知其數字。(註一)

年次	歲入 關稅	歲入 國內稅	歲入 其他共計	歲出合計	過與不及(×)
一八六二	四九·〇		五一·九	四六九·五	(×)四一七·六
一八六六	一七九·〇	三〇九·二	五一九·九	五一九·〇	〇·九
一八七一	二〇六·二	一四三·〇	三七四·四	二八三·一	九〇·〇
一八七六	一四八·〇	一一六·七	二九〇·〇	二六五·一	二四·九
一八八一	一九八·一	一三五·二	三六〇·七	二五九·六	一〇一·一
一八八六	一九二·九	一一六·八	三三六·四	二四二·四	九四·〇
一八九一	二一九·五	一四五·六	三九二·六	三五五·三	三七·三
一八九六	一九〇·〇	一四六·七	三二六·九	三五二·一	(×)二五·一
一九〇一	二三八·五	三〇七·一	五八七·六	五〇九·九	七七·七
一九〇六	三〇〇·二	二四九·一	五九四·七	五四九·四	四五·三
一九一一	三一四·四	三二二·五	七〇一·三	六五四·一	四七·二

一九一六	二一三·一	五一二·七	七七九·六	七二四·四	五五·二
一九二二	三〇八·〇	四、五七九·九	五、五八四·五	四、四六八·七	一、一一五·八
一九二六	五七九·七	二、八三六·七	三、九〇八·四	三、〇三〇·三	七七八·一
一九三〇	五八四·七	三、〇三八·六	四、一七四·〇	三、三九二·〇	七八二·〇

單位百萬美元

歲入方面的狀況，已由上表截明了，次就歲出方面的情形考察一下。

南北戰爭以前的歲出，是以軍事費爲中心，再加以公債息金及郵金的負擔，遂占了歲出的大部分。南北戰爭以後的歲出情形，就下列歲出統計表看來，還是沒有若何變動。不過因國家活動的擴張，逐漸增加了行政費的支出，將近一九三〇年的時候，差不多增加了半成，這是值得注意的。

（註二）

年次	軍事費 金額（百萬美元）	軍事費 對總額比率	公債利息 金額（百萬美元）	公債利息 對總額比率
一八六二	四三一·八	九二·〇	一三·一	二·八
一八六六	三二六·四	六二·九	一三三·〇	二五·六

一八七一	五五·二	一九·五	一二五·五	四四·三
一八七六	五七·〇	二一·五	一〇〇·二	三七·八
一八八一	五六·一	二一·六	八二·五	三一·八
一八八六	四八·二	一九·九	五〇·五	二〇·八
一八九一	七四·八	二一·一	三七·五	一〇·六
一八九六	七七·九	二二·一	三五·三	一〇·〇
一九〇一	二〇五·一	四〇·二	三二·三	六·三
一九〇六	二二八·四	四一·六	二四·三	四·四
一九一一	二八〇·〇	四二·八	二一·三	三·三
一九一六	三一九·六	四四·一	二二·九	三·二
一九二一	一、二二八·六	二七·五	九九六·六	二二·三
一九二六	六六九·九	二二·一	八三一·四	二七·四
一九三〇	八四〇·三	二四·八	六五八·六	一九·三

當一八六二年，南北戰爭時軍事費卽占了歲出的百分之九二，可知當時的財政，就是軍事費

的財政。以後在美西戰爭，世界大戰的時代，因軍備擴張的結果，軍費還占歲出的百分之四〇以上。其他的時期，軍費固然也是增加；但因別的支出同時增加，卻是相對的進出於百分之二〇的上下。再就公債利息而言，當南北戰爭勃發時，對於以前的公債固然因逐漸償還而減少了負擔；但爲調達戰費所發行的公債太多，以致急增了息金的負擔，簡直比軍事費還多。及至財政上經濟上得着安定而能逐漸償還時起，直到世界大戰時爲止，不過僅是極少數的負擔了。然而美國一經參戰以後，公債即有很大的增加，因之招致了空前未有的負擔。

此時除了負擔軍費及公債息金之外，還增加了一種卹金的負擔。其在一八六一年只有一百萬美元；及至一九〇一年則增加到一三九百萬美元，再到一九三〇年，竟達二二〇百萬美元了。其餘行政費（除軍費、公債付息、卹金及印第安費之外）也有很大的增加，其在一八六六年只有四〇百萬美元，不及歲出百分之一〇；及至一九〇一年則增加到一二二百萬美元，約占歲出百分之二四；再至一九三〇年，竟增加到一、六四〇百萬美元（包含郵件損失費在內），約占歲出百分之四八，比較軍事費及公債息金的合計數還多。

（註一）Dewey, pp. 299,329,399,426,428,474,494-495,512-513,532-533. 關於一九二一年到一九三〇年的歲出，如果依這五三三頁所載的歲出歲入比較表，數字卻有點不同。

（註二）Ibid.

第五章　商業發展與關稅政策

第一節　國內商業

交通機關之長足的進步，當然對於國內商業的發展有很大的影響。有南北戰爭以來，所有鐵道及其他交通機關的發展，足使國內市場愈益密切，大都市的建設愈益勃興。以致大規模的生產得到根據，製造工業得到特殊的進行。所以國內商業在這一時代得有飛躍的進展，計一九二六年度國內商業的交易額，已由高於美國對外貿易額的七倍而達到八倍了。故就左表看來，即可知其國內商業的交易額實有顯著的發展。（註一）

國內交易總額

一八六〇年	五〇百萬噸	三五億美元
一九〇〇年	七五〇	二〇〇
一九二六年	三、八五六	一、〇〇〇

原來在南北戰爭以前，西部與南部已經有了活潑的交易；又西部與東部的交易，也因西漸運動的結果而有很大的發展；及至南北戰爭開始，便阻礙了西部與南部的交易，且南部在戰後疲弊的時候，其與他方的交易額，自不免有相當的減少。

可是到了大陸橫斷鐵路建設以後，太平洋地方的農產物鑛產物及木材等，便易於輸送到大西洋地方；而大西洋地方的製造品，又易於從大西洋方面輸送到西部，從此東西的連絡愈益伸展了。

此外，又加以交通機關種種的整備與發展，致令製造工業中心地及供給泉源地發生變化之後，而商業路線也因之變動了。

向來對於密西西比河的利用極多，直到一八八〇年爲止，其在交易上的效用，總是有增無減。

及至鐵道發達與穀物栽種地移到西部及北西部以後，對於這河流的利用，纔逐漸衰落下去。可是大湖的運輸，卻因芝加哥、台特聿、克利夫蘭德、布發羅及密爾窩基（Milwaukee）等鄰近大湖的大都市的發展而呈極盛的狀態。尤其是在一八六〇年以前不久，爲連絡蘇必利爾湖與其他湖水，開設了運河之後，對於當地物產的交換實與以極大的便利，因之湖水運輸，非常發展，計一八六〇年經過這運河的船舶噸數尙爲四〇三、六〇〇噸；及至一九二〇年，竟激增到七九、二八二、四九六噸了。

至於鐵道之爲最主要的商業路線。更極明顯，凡是鐵道經過的地方，自於生產物的交換上有極大的便利。

商業路線有了這種變遷以後，商業中心地亦因而發生了變動。如芝加哥卽以大湖地方的工業與農業爲背景，而成了國內商業的最大集散地。又如棉花的中心地向爲新奧爾良；今則以加爾維斯吞（Galveston）與豪斯吞爲其重要地點。他如路易斯維爾（Louisville）則成了世界煙草市場的中心；彼玆堡則成了鋼鐵及煤炭的中心。更如開發大西洋岸的結果，而使洛桑磯（Los Angels)成了木材與煤的集散地。

商業路綫及其中心地有了變化以後，接着還有一件應當注意的事件，即由此形成了一種新興的商業組織。

因爲市場的擴大，便有廣告與宣傳之必要。因爲交通機關及郵政制度的發達，便發生了通信販賣的方法。又因商業經營的大規模化，而有連鎖商店組織及百貨商店的發展。所有近代的商業組織，便從此確立了。

（註一）Bogart, p. 674.

第二節　外國貿易

在這一時代，美國的製造工業因有很大的發展，隨而對外貿易也有很大的發展。其貿易額，在一八六〇年尙居世界第四位；至一九〇〇年卽昇到第二位，到了現在，竟占了第一位。玆就其對外貿易的發展趨勢，列表如左（註一）：

外國貿易的趨勢

年次	商品輸出總額	商品輸入總額	出超或入超(×)	農產物在輸出總額中所占百分比	工業品在輸出總額中所占百分比
一八六〇	三三三·五	三五三·六	(×)二〇·一	八一	一一
一八七〇	三九二·七	四三五·九	(×)四三·二	七九	一五
一八八〇	八三五·六	六六七·九	一七七·七	八三	一一
一八九〇	八五七·八	七八九·三	六八·五	七五	一六
一九〇〇	一、三九四·五	八四九·九	五四四·六	六二	二四
一九一〇	一、七四四·九	一、五五六·九	一八八·〇	五二	二九
一九二〇	八、二二八·七	五、二七八·四	二、九五〇·三	四七	四〇
一九二九	五、二四八·〇	四、四〇〇·〇	一、八四八·〇	四〇	四七

(備考)上表自一七六〇年至一九一〇年所記的各年，都是表示各年從上一年七月一日起至本年六月三十日止的會計年度。

南北戰爭之足以阻礙美國對外貿易的發展，這是很顯然的。固然當時北部的輸出是增加了；可是終不足以補償南部因棉花輸出停止所減少的貿易額。戰爭終結後，因製定自耕農創定法，建設大陸橫斷鐵道，以及保護關稅之助長國內產業等對內開發政策占了主要的地位之後，隨着國內工業發展而來的對外貿易，卽逐漸伸張起來。不過一直到了十九世紀的末期，還沒有極大的發展。

而且在輸出總額中，農產物與工業品對比，依然農產物占多數。但是農產物的比率，自從一八六〇年占百分之八一以後，卽呈逐漸低落的傾向；而工業製品的比率，及而逐漸增加起來。

及入二十世紀後，因國內天然資源的開發，製造工業的發展，以致剩餘生產物有投於海外市場之必要。至歐洲大戰前，商品的輸出入額各約增加到十億美元；而出超額還是不高。及至歐洲大戰開始，歐洲的需要陡然增加，以致美國的出超額亦陡然增加。玆就當時的增加情形，列表於下：(註二)

一九一四年到一九一九年的美國對外貿易（單位百萬美元）

年次	輸出	輸入	出超額
一九一四	二、三六四	一、八九三	四七〇
一九一五	二、七六八	一、六七四	一、〇九四

一九一六	四、三三三	二、一九七	二、一三五
一九一七	六、二九〇	二、六五九	三、六三〇
一九一八	五、九一九	二、九四五	二、九七四
一九一九	七、七四九	三、九〇四	三、八四五

以後到一九二〇年時，其對外貿易還是伸張的，並且這一年達到了最高點；但是本年的恐慌勃發以後，即呈一時停頓之象，從此便逐漸減退下去。然其貿易收支上的出超額，若與大戰前的標準相較，還是很高的。

美國貿易發展的概況，已如上述。然則其貿易品的構成分，究竟是怎樣的情形？若就這一點來考察，即可知美國工業化的情形，極其鮮明。茲就一八六一年以來美國輸出入貿易品種類的變遷，列表於左：（註三）

一八六〇年到一九三〇年美國貿易品種類的變遷

年次	輸出品(%) 粗製原料品	粗製食糧品	製造食糧品	完成品	半製品
一八六一——六五	一九·九七	二二·一三	三四·四二	一七·七八	五·六九
一八六六——七〇	五七·六二	九·〇五	一三·七五	一四·八九	四·六八
一八七一——七五	四四·九四	一五·四七	一九·五九	一五·三三	四·六七
一八七六——八〇	三二·二四	二三·九三	二四·三九	一四·八七	四·五五
一八八一——八五	三三·七八	二一·〇〇	二五·五〇	一四·九四	四·七八
一八八六——九〇	三八·一三	一四·九八	二五·〇一	一六·三六	五·五二
一八九一——九五	三三·六七	一七·二一	二七·二二	一五·五七	六·三二
一八九六——一九〇〇	二六·一一	一八·九〇	二四·〇一	二一·三三	九·六四
一九〇一——〇五	三〇·二七	一二·一九	二二·一六	二四·〇七	一一·三〇
一九〇六——一〇	三一·六八	八·九〇	一八·一二	二七·〇七	一四·二三
一九一一——一五	三〇·七四	八·八三	一四·三二	三〇·七〇	一五·四一
一九一六——二〇	一八·二二	九·一六	一七·六六	三九·五八	一五·三九

一九二一——二五	二七·五四	九·七四	一三·九三	三六·三三	一二·四五
一九二六——三〇	二四·四〇	六·四〇	九·七二	四五·三五	一四·一四

年次	輸入品(%) 粗製原料品	粗製食糧品	製造食糧品	完成品	半製品
一八六一——六五	一四·一二	一四·二九	一七·四七	四〇·五二	一三·六〇
一八六六——七〇	一二·七一	一三·二三	一九·九三	四一·二六	一三·八七
一八七一——七五	一六·一二	一四·一二	二〇·〇七	三九·二七	一三·五六
一八七六——八〇	一八·五五	一八·五六	二一·四九	二九·三五	一二·四五
一八八一——八五	一九·九八	一四·九〇	一九·一五	三二·二五	一三·七三
一八八六——九〇	二二·六五	一五·七七	一六·四九	二九·三三	一五·七六
一八九一——九五	二三·五九	一八·六六	一七·九二	二五·四五	一四·三七
一八九六——一九〇〇	二九·四七	一五·〇八	一五·九三	二六·一七	一三·三五
一九〇一——〇五	三三·三八	一二·九二	一二·三六	二四·六九	一六·六五

一九〇六——一〇	三四·五六	一〇·九八	一一·八〇	二四·八四	一七·八二
一九一一——一五	三四·九一	一二·八〇	一二·五六	二二·三六	一七·三七
一九一六——二〇	四〇·一三	一二·一五	一六·二一	一四·四〇	一七·一〇
一九二一——二五	三七·四〇	一一·〇九	一二·九九	二〇·八六	一七·六六
一九二六——三〇	三六·八〇	一二·五六	九·八八	二一·八八	一八·八九

依右統計看來，其輸出方面是原料品與食糧品相對的低落；是製造品增高，這種傾向尤以大戰後為最明瞭。其輸入方面，則正與輸出相反。

茲就此等情形，再作一稍詳的考察於下：

（一）輸出

一八六〇年美國的人口，有半數是從事於農業、牧業、製材業、鑛業及其他原料生產業（Extractive industry）的，可知農業成了當時的基本產業。

所以當時的主要輸出品，在南部則為棉花（占南部輸出總額三分之二）、煙草、船舶材料等物；在北部則爲小麥、小麥粉及其他食料品一直到十九世紀末葉，依然以農產物爲主要輸出品；不過鑛產物臨到十九世紀終期的時候，增加了一點輸出額。

一九〇〇年的主要輸出品，若依其重要性的順位列舉出來，則爲製麵材料、原棉、肉類及其酪製品、鋼鐵及其製品、煤油、銅及其製品、羊毛及其製品、皮革及其製品、棉製品、以及煤炭等物。即此可知多非工業製品；工業製品還是以農業及鑛業中的生產物爲主。

一入二十世紀，美國輸出貿易上所表現的最大特徵，卽爲製造工業品輸出額之增加。自一八六一年到一八六五年的時候，工業製品中的完成品，在總輸出額中所占的成分，不過是百分之一七·七八；及至一九〇一年到一九〇五年，則占百分之二四·〇七；又至一九二六年到一九三〇年，已達到百分之四五·三五了。

一九二九年的主要輸出品，若就其重要性的順位列舉出來，則爲棉花、煤油製品、汽車（占總輸出額四分之一、）機械類、小麥及小麥粉、肉類、鋼鐵製品、鋼及其製品等物。

（二）輸入

南北戰爭前的主要輸入品爲製造工業品，其在輸入總額中所占的成分自一八六一年到一八六五年完成品卽占了百分之四〇·五二。若就當時的主要輸入品列舉出來，則爲羊毛製品、棉製品、砂糖、咖啡、獸皮、羊毛等物。及至製造工業發達與確定高率保護關稅以後，纔減少了製造工業品的輸入；增加了工業原料及材料的輸入。

一九〇〇年的主要輸入品若就其重要性的順位列舉出來，則爲砂糖、獸皮、咖啡、化學藥品、生絲、棉製品、橡皮、植物纖維品、生絲製品及果實等物。又一九二九年的主要輸入品則爲生絲、咖啡、橡皮、砂糖、紙、獸皮、煤油、毛皮等物。

因製造工業的發展，所以在輸入方面所增加的物品，大都爲粗製原料、粗製食料品及半製品。計自一九二六年至一九三〇年，粗製原料在輸入總額中占百分之三六·八〇，粗製食料品則占百分之一二·五六，半製品則占百分之一八·八九。

要之，美國的貿易，確有幾種優良的條件存在：如本國是有豐富的原料，本國又能製造，又能販賣等是。

而且在外國貿易方面也有很好的原因存在。

美國貿易的收支至一八七六年爲止，總是入超的。而其原因，卽由於這一時期爲着建設大陸橫斷鐵道及開發西部，所以要靠英國及其他歐洲諸國的投資，而至於入超。

自一八七六年至一九一四年之間，其中除了三個年度之外，其餘的年度，都是出超的。而其出超額，平均也只有四、五億美元，如果要以這出超額抵作貿易外的支付，則在國際收支上，也只能適得其平。

在歐洲大戰勃發前，美國對外所負的債務總額，可以推定爲六十億美元；及至戰後三年間的出超，已經突破七〇億美元，自然足够支付戰前的債務總額。美國參戰後，其政府借給同盟諸國的債款約有百億美元，以後又加上人民對外的投資額共達一六六億美元，合計一九三〇年的對外債權總額，已共達二六六億美元，除了償付海外對美投資額五六億美元之外，還不失爲極大的債權國。

（註一）Bogart, p. 682.

（註二）Lippincott and Tucker, p. 590.

（註三）Shannon, p. 659.

第三節　關稅政策

南北戰爭以前的關稅政策，曾以北部工業與南部農業這種對立的主要原因，而令其關稅搖擺於時高時低之間；不過基本的方向，還是哈米爾登對於幼稚產業所提倡的保護政策。所以以後美國的國民，每處於關稅時常改訂之中。

首先就是一八六一年的莫尼爾法（Morrill Act），因乘南部議員的缺席而通過。這關稅法原以回復一八四六年的關稅率為目的；而尤在對於鋼鐵、羊毛及其製品課以保護的高關稅。以後又於一八六二年將莫尼爾法所規定的自由貨品減少了一半，平均輸入稅率則成為百分之三七；至一八六四年，更高到百分之四七。

戰後所課賦的高關稅，既然達到了相當額，而使歲入得到剩餘，所以一八七〇年的關稅法，轉令關稅降低。依這關稅法的規定，對於茶、咖啡、可可、葡萄酒、砂糖、糖蜜等向爲美國所不生產的少數物品，純以收入爲目的，而課以較低的關稅；又對於自由貨品的種類，也增加了，在這情形之下，保護關稅的體系還沒有混亂。但在降低關稅可使每年剩餘一億收入的時候，西部的農業者及其他不能均霑東部製造工業家得到保護關稅利益的人們，正好利用這種機會，極力主張降低關稅，果於一八七二年，一般的稅率低到百分之一〇。

及至一八七三年的恐慌發生，以致國庫收入減少的時候，又不能不提高關稅了。所以一八七五年的關稅法，即規定撤銷低額關稅，回復舊率。此後約二十年之久，沒有改訂過關稅，一直到一八八三年改訂一般的稅率爲止，高關稅的壁壘總是巍然存在的。

一八八三年雖然改訂了關稅；但是對於保護商品的關稅還是提高，對於其他消費原料品的關稅還是降低，所以結果不過平均低到百分之五，在保護主義者方面，也就沒有甚麼反對了。及至民主黨得勢以後，雖然提倡降低關稅，提出了一八八四年的「莫利孫水準」法案（Morrison horizontal）主張減低輸入稅爲百分之二〇；可是終於不能成功；又大總統克利夫蘭德（Pres.

Cleveland)亦於一八八七年力主降低關稅的必要；可是也沒有見到實效。

及至一八八八年共和黨得勢以後，又回復了高關稅政策。惟其論點，早已不能以向來的幼稚產業保護論爲根據；而是以「貧窮勞動論」(Pauper Labor)爲根據。

所以到了一八九〇年通過馬金萊法(Mckinley Act)以後，平均輸入稅率，便達到百分之四九・五的高水準。尤其是對於羊毛、羊毛及綿絲的細製品、鐵、銅、刀刃物、錫板等物，課以高率的保護關稅。又爲着迎合農業家的希望，對於許多農產物，也課輸入稅。

一八九二年的選舉爲民主黨戰勝以後，即着手改訂關稅，終於一八九四年通過了哥爾曼威爾遜法(Gorman-Wilson Act)。依這關稅法的規定，平均輸入稅率爲百分之三九・九，約減低了百分之一〇。這減低率，是因爲受了參議院共和黨議員的反對，所以不能達到當初的目的。

這減低關稅的傾向，又因共和黨掌握政權而歸於停止，自一八九六年通過丁格列法(Diingley Act)以後，其關稅的高度，爲美國關稅史上所未有，依這關稅法的規定，平均輸入稅率，竟達百分之五七。

可是對於這樣高的關稅，卻又逐漸發生了反對的意見。其反對的理由，即認爲高關稅足以助長大企業結合，物價騰貴，以致生活費日益加高，殊非利民之道，這種見解，確於關稅改革方針中具有很大的力量。此外，就是擁護保護關稅的共和黨，在其政綱中也有改訂關稅的條項。其結果，遂於一九〇九年成立了倍茵亞爾特利舒法(Payne Aldrich Act)。就這關稅法的全部而言，減低關稅的地方雖然很少；可是對於菲律賓的砂糖，在不超過三〇〇、〇〇〇噸的範圍內，許其自由輸入；此外，對於外國商品的輸入，並且規定了最高與最底的稅率。因此對於差別待遇美國商品的外國商品，只能課以百分之二五的從價稅。

這一關稅法，就其實質而言，減低關稅是失敗了，尤其是對於保護托辣斯的貨品，收不到若何效果，所以引起了一般的不滿足。及至一九一二年民主黨得勢後，減低關稅纔能實現，一九一三年的安多烏法(Underwood Act)，遂由此產生。

這一關稅法，可說是對於一八六〇年以來的高關稅政策劃了一個轉換點；但是也不是自由貿易的政策，其平均輸入稅率還達到百分之三〇的水準。依這關稅法的規定，對於羊毛及綿織品的重稅是減低了，對於羊毛、鐵礦、銑鐵、鋼料、農具等物並列爲自由物品；只有對於砂糖一物，爲要顧及路易斯安那砂糖業者及西部甜菜糖製造業者的利益，直到一八一六年五月爲止，還沒有完全撤銷其輸入稅。

及至一九二一年共和黨重握政權時，適逢一九二〇年以後的農業恐慌，農產物價陡落，農業家非常困厄，當然切望保護農產物，以資救濟。因於一九二一年便制定了緊急關稅法(Emergency Tariff Act)對於小麥、玉蜀黍、肉類、砂糖、棉花、羊毛、及其他農產物，便提高其稅率。不過這一關稅法，只是一種應付緊急事態的辦法；所以爲要根本改革關稅，又於一九二二年制定了伐多尼法(Fordney Act)。

這一關稅法的特徵，就在回復一九〇九年倍茵亞爾特利舒法的高關稅。對於各種化學及金屬製品，則加徵其輸入稅，對於亞麻仁、檸檬汁、牛油、牛乳、小麥、砂糖及羊毛等物的稅率，實質上可說是在一九〇九年的稅率以上。

加之一九二二年的關稅法，還有一種新方法，支持其保護原則。即美國大總統明瞭了美國與主要競爭國在某一物品生產費上所生的差別，課了這物品的輸入稅還不能令其均衡時，卽隨時有權提高稅率。其生產費的決定權，則在關稅委員會。在這種情形之下的關稅，可以每每稱之爲伸縮關稅。

以後美國的經濟情形，直到一九二九年秋發生恐慌爲止，都是非常良好的，所以美國曾有萬年興隆之稱。但是在這背後，還有不能與工業界均霑這種興隆利益的農村，卻大抱不滿，從此恐慌勃發，農產物價卽告慘落，所以一九三〇年的荷列斯莫法(Hawley-Smoot Act)，卽出而救濟。依這關稅法的規定，許多物品的租率都高於一九二二年的水準，而尤以農產物爲甚。

因受恐慌打擊所行的高關稅政策，固然是這樣；可是世界的關稅戰，亦卽由此而興。加以恐慌的深刻與延續，足令經濟的國民主義趨於普遍化，以致關稅之外，還採直接的輸入限制政策。在這世界恐慌與通商競爭互爲因果的情形之下，都陷入於魔一般的渦中了。

第六章 美國帝國主義

第一節 帝國主義之發生

帝國主義，是實業革命後的副產物。其前期形態之宗教的帝國主義，主要的是在對於葡萄牙、西班牙未開化人種所用的宗教戰術而表現的。就日本而言，也引起過許多宗派上的鬪爭，其結果，終於採用了鎖國主義。至其第二期的形態，則爲商業帝國主義或貿易帝國主義。這種帝國主義東漸時具有很大的效用的，就是交通機關的發達。在十九世紀中葉的時候，法、德、美等國也逐漸同英國一樣，發生了實業革命；而在日本的實業革命，卻是幕府末期的動亂時代纔開始平行的發展。

宗教的帝國主義與商業的帝國主義經過之後，纔發生了金融資本的輸出，在這過程中，歐美的商業資本主義，對於日本的文明卻有很大的影響。在這裏還有一件要注意的事件，就是在日本二百多年的閉關時代，歐洲的經濟勢力曾起了一個大變化。這一時期，就是十七世紀葡萄牙、西班牙的勢力衰落，荷蘭的勢力隨之而興的時代。此時荷蘭曾依其所有毛織業的經濟力伸張了它的國威；不過到了十八世紀棉織業勃興以後，依此得到大利的，就是英國。以後約經五十年之久，可說英國對於棉織業是占了獨占的地位；及至十九世紀中葉，德、法、美、俄等國的棉織業也興盛起來了，從此英、法、德、美、俄五國經十九世紀到二十世紀，都登上了日本的舞台。明治維新的外交史，這些國家，都成了日本的對方的主要腳色。在日本的閉關時代，荷蘭固然占有過獨占的地位；但至日本元祿以後，其在世界上的地位，卻日益低落了。

美國的西漸運動，也可說是向着西部探求土地的一種帝國主義運動，其運動的結果，終於到達了太平洋。而且在十九世紀中葉以後，美國在其國內的資源上而發展了重要產業，已不是歐洲的原料供給國，而是製造工業品的輸出國了。

美國帝國主義活躍的開始，就在獲得原料與尋找商品市場，其舞台，就在極東與中美南美拉丁族各國。不過本章所要敘述的，是專在美國帝國主義如何對於極東日本之經過。

第二節　帕利來日以前的日美交涉

英國在日本平戶，早已在商業上樹立了權威；及至一六二八年以後，英國在日本的商業勢力，卻逐漸衰落下去，大非昔比，這也是由於英國的商業很笨的緣故。此後荷蘭人對日貿易的獨占時代，英國也時常訪問過日本，如在日本延寶元年（一六七三年），英船來到長崎，要求與日通商，即其實例。

當時日本的學者，也有主張對荷蘭貿易較之對英國貿易爲有利的，例如日本文化四年，大槻玄澤在其所著捕影問答中，即已知道英國在歐洲的勢力，預言不久必有延展其勢力於東洋之一日。這種預言，果然文化五年（一八〇八年）實現了，英國的船舶，突然到了長崎，以鐵礮威脅荷蘭人，掠奪了食糧及衣類。以後到了日本文政元年（一八一八年），英船又來到浦賀，通告從江戶至馬場十郎、足立佐內不得與荷蘭以外的國家通商之後，即得勝而去。

俄國在這時候，也同英國一樣，屢次在日本北海道方面發生事故，如日本寬政四年（一七九二年）九月，俄船運來了漂流根室港灣及西比利亞的日本人，便以此爲條件，要求與日通商。這些漂流的人，原是伊勢地方的漁民，於一七八二年離開日本以後，滯留彼得格勒（Petrograd）約十年之久，纔託庇於來日的俄船而回。桂川甫周所編纂的漂流民治覽說，對於這些漂流民的情形，敘述甚詳，可供參閱。以後又於日本文化元年（一八〇四年）俄國的使節列沙諾夫（Resanoff）後爲要求在長崎通商而來。此時，長崎地方官允卽派遣急使請示於江戶，俄使卽在長崎等待。至文化二年三月，德川幕府熟議的結果，乃派遠山喜一郎爲代表來至長崎，其拒絕通商的口實，卽爲：當日本寬政年間，俄國遣使來日時，原定翌年再來商議；爲何遲至十年後的今日始來，殊違信義，卽迫令俄使回國。俄使非常憤慨，不得已而去。及至文化三年，北海道耶托羅島又來了俄船，卽以上年不滿意的事件爲原因，大事掠奪而去。因此大槻玄澤著有北邊探事一書，山村才助著有俄國志一書，皆力述俄國勢力之強大，以致幕府對於北部的邊防，亦不能不強加戒備。不料文化八年（一八一一年），俄船又來到了北海道，卽捕獲其船舶，監禁其船長戈羅夫尼（Captain Golovnin）至文化十年（一八一三年），俄船來日謝罪之後，纔得釋放回國。

難了。

這樣看來，在帕利（Commodore Perry）尚未由美來日以前，日本的對外交涉，已經是很困難了。

帕利尚未來日以前，美人也有幾次來過日本；但因太平洋的航渡困難，其對於亞洲的野心，卻不能充分的如願，如果不克服這種困難，美國帝國主義，是不能達到亞洲的。及至十九世紀後半期，美國的造船技術發達後，橫渡太平洋也就逐漸容易了，從此太平洋問題，也就逐漸現實化了。

美船來日的最初一次，是在日本寬政九年（一七九七年）。其船名爲耶力沙（Eliza），其船長，名斯塔托（W. R. Stewart）。這船長並不是以美國人的資格而來，乃是以荷蘭人的資格而來的。因爲當時荷蘭參加了拿破崙戰爭，對英作戰的緣故，當然沒有餘力來訪問東洋，所以荷蘭東印度公司，要從美國僱來耶力沙號而與長崎通貿易。當時的長崎人有一奇怪的心理，卽認爲只可與荷蘭人通貿易。用這僱船的方法與日貿易，直到一八〇九年爲止，除了耶力沙號以外，還有七艘惟有第一次的耶力沙號船長斯塔托知道對日貿易的利益最深，及至一八〇三年，卽以自己的名義冒着危險，來到長崎，要求通商，他的要求，當然要受拒絕的。四年後，又有耶克利普斯（Eclipse）號

美國船，以同樣的目的來到長崎，也受了拒絕而去。（註）

此後，又有俄利方特（Oliphant）的貿易商，以送回漂流英屬哥倫化亞的日本人爲事由，計畫與日通商，組織了遠征隊，於日本天保八年（一八三七年）駛莫利孫（Morrison）號來到了日本。在這莫利孫號的船中，乘有醫師、傳教師、歷史家等，他們在日本登岸以後，當然想作通商的先鋒，並且帶來了許多科學與歷史等書物及其他珍寶；但亦不幸成爲礮灰而已。

在日本寛永閉關時代，認爲例外的可與荷蘭貿易的一個理由，卽在輸入其藥品。從此一方面認識了進步的荷蘭醫學確有實踐上的效果，一方面又在研究荷蘭的學者之中，找着了許多的醫師。由醫學進而對於兵法、博物、天文的認識，更由歷史地理進而推知世界經濟情形。例如高野長英及渡邊崋山，卽爲這種典型的人物。彼等極力說明盲然驅逐外國船之愚蠢，應從外國船的來源，求得世界的知識；但不幸崋山得了「不憚公儀不敬之至」的罪名而伏居山野，長英得了「流布世間動搖人心」的罪名而永遠監禁，皆終於剖腹而死。

至於美國船來到日本的時候，是在日本弘化二年（一八四五年）。當時有美國的捕鯨船曼哈旦(Manhattan)號，在航行中國的途次，經過日本近海的無人島，載送許多漂流的日本人，到了江戶灣，許其停泊四日。這一次因無惡意，送來了許多漂流民，所以對其航長，允許他與日交涉；但日方仍聲明今後若再發見了日本的漂流民時，須寄交於荷蘭人。

及至弘化三年（一八四六年），有美國船二隻來到浦賀，要求開始通商。這一次的來航，是具有美國的意思的。在一八三二年的時候，羅巴茲(Edmond Roberts)奉美國派遣與暹羅締結通商條約時，曾同時受了就便與日交際的委任，若於途次看到日本的情形順利，即陳交委任狀，請見日皇。彼果於一八三五年，前往暹羅時，即過訪日本，陳交其大總統的委任狀。不幸彼於一八三五年與暹羅締結通商條約後，客死於澳門了。從此以後，與日通商的事件，便在美國的議會中成了問題，曾於一八四五年通過了一個議員的提案。這提案的內容，即在說明應有促令日本與外國締結通商條約的手段。於是美國政府，不久即命令東印度的美國艦隊，由司令官比笛爾(Biddle)率領，於日本弘化二年七月二十日到達了江戶灣附近的海面。不料這司令官不善外交，卒為江戶政府所驅逐。

次後三年，即日本嘉永元年（一八四八年）曾有廣東的美國領事巴克爾（Peter Parker），發信到華盛頓，報告日本近海有一美國的捕鯨船遭難，其乘員及船員皆被幽禁，並受殘酷的取締，請求救濟。於是美國政府即調動印度艦隊，開至日本，以其司令官格林（James Glynn）當交涉之衝，要求引渡，其交涉的結果，船員是交還了；但是格林仍然向其政府報告日本人如何的野蠻，因此美國政府，非常憤慨。

當一八五〇年前後，美國的捕鯨事業，顯然很發達。但因船舶時常遭難，不能不受日人嚴酷的取締，這也是由於亂中固然要救助；但為供給航海中必要的物資，卻有痛感損失之苦，所以大為日人所不滿。此後格林回國，即將日本種種取締的情形，向其大總統斐爾摩（Millord Filmore）作了一個詳細的報告。從此美國對日通商問題的解決，遂發生了一個非用武力不可的結論。及至日本嘉永四年（一八五一年），美國的東印度艦隊司令官帕利即任為提督，來到了日本。

（註一）詳細情形，可參考 Teijuhn Wada, American Foreign Policy Towards Japan During the 19th Century, Tokyo, 1928, pp. 3—5

第三節 帕利之來日

帕利的準備工作，是很周到的。他曾以三萬美元的代價，向荷蘭求得了海圖，又出了五百三萬美元，購得了德國探險家西伯爾得（Siebold）所著的本日一書，並歷訪常到日本的有識者及許多的學者或專門家，備承指示，以爲參考。帕利遠征的目的，即在保護遭難的船舶，修繕其他的船身，並要求開放積有炭素水素的港灣，如有可能，則要求締結通商條約。帕利本着這種目的，即於一八五二年十一月二十四日（卽日本嘉永五年十月十三日），從美國的東部海岸出發，越大西洋，經非洲至一八五三年四月七日（卽日本嘉永六年二月二十九日）到了香港，由香港經上海、琉球而探見那霸港，又到小笠原島探察地形之後，卽於六月三日到達了浦賀。

當時浦賀的地方官戶田伊豆大爲驚駭，卽時通報幕府，謂「三日未刻，相模國城島海岸發見了外國船四艘，據三崎地方官署的報告，已爲戒備，該船現正向千馱崎邊疾行，鈞處四家，祈速注意。」

此時美國方面，非常强硬，地方官令其開回長崎，毫不聽從，力主直接開到江戶，遞交國書，儻不可能，卽訴諸武力，亦所不辭。浦賀地方官不得已，乃與帕利在久里濱會見。當時的情形，據目見的人說，則有如下的記載：「九日四時，帕利卽照着接待的時間，率領兵艦二艘與商船二艘，從浦賀岸開到久里濱，一經停泊，卽鳴禮礮，轟轟之聲，山嶽爲震，當地漁民，以爲戰爭到臨，狼狽不堪，警衞人士亦驚慌失措，莫可形容，及鳴礮十一響以後，都不知道誰負了傷，礮彈着落的形跡，也無從知道，至此纔明白美船所開的是空礮，大家纔安定下去。此時，帕利卽從本船下小艇，準備登岸，其首先上岸的是陸軍士官，據說其所帶領的兵士有二中隊。其次上岸的就是帕利及其從行人員。彼等所着的服裝，都是壯觀美麗，日本的觀衆，都不知爲何物，惟評論如日本古時軍鎧甲冑一樣，而其所着大禮服，尤未夢見，皆相顧笑之。帕利上岸後，由浦賀與力及中島三郎助相導入應接室，一刹那間，排立前面的陸軍士官卽大喝一聲，以英語呼號令，同時兵士皆一齊拔劍，形勢緊張，如臨大敵，以致漁民恐懼，奔竄四散，及至士官再呼一令，其兵士皆從容並足，步伍整齊，護衞帕利而入接待室，由相導引入室中。此時觀者始知彼方號令一呼，一齊拔劍，亦如日本武家時代的禮儀一樣，並沒有甚麼可怕。其在接待所談判若何，因在當時極端祕密，當然無從知道，少頃，彼方士官又突然呼令復歸軍備之聲，此時日方的警衛兵士及一般的觀衆，又皆驚魂動魄，注視彼等行動，只見其兵士各以五挺鐵礮爲一組，架立地面，一若出以奸計，圖爲無防禦的襲擊，此時驚駭之狀，較前更甚，皆不知應採若何方略，以爲應付。這種史料，由今思之，不值一笑。」（註一）

久里濱雙方會見以後，地方官卽接收了彼方的國書，帕利約定明年應受回答而去。

美國國書的內容，就大體說，除了請求救恤捕鯨遭難的船舶與海船取得煤炭、食料及飲水之外，並希望與日通商。其國書中首先記載的，就是聲明「美國憲法及其他法律，皆禁止干涉他國的宗教問題及政治問題」，以示美國除了要求貿易之外，絕無他意。其次記載「美國爲一大洲國，加利福尼亞除產銀、水銀、寶石及其他貴重品以外，每年還產出約值六千萬美元的金鑛。日本也是肥沃國，能夠產出許多貴重品，而且日本人的手工也很精巧，深願兩國國民，互相交易，以圖兩國相互間的利益」，這是誇揚日本金銀財寶豐富的文句，重在告以通商後要從肥沃而且技巧的日本，購取許多的物品。此外，並勸告：「如果日本認爲撤銷禁止外國貿易的古法之後恐不安全，則請暫時

解禁五年或十年，以作試驗。儻無利益，可再復古法。」（註二）

當時日本的執權者，就是阿部正弘。究竟對於美國國書應如何答復？是否能夠閉關？如果引起戰爭又將如何？都迷惑不能決定。在未答復之前，阿部正弘對於帕利來日的當時情形，曾作詳細的調査，並於當年六月五日會見水戶齋昭，徵其意見。齋昭的口調，只說攻擊美國，未必是良策；勝與敗，恐怕都沒有好結果；但是允許通商，又恐怕出亂子。這都不是明確的答案。阿部正弘熟慮的結果，乃打破傳統舊習，以對外意見，諮詢羣臣，竟於當年六月二十六日將美國大總統來文的譯本，傳示百官及各藩主，徵其意見。此時正弘的訓示，是在明言美國艦隊之來實爲國家一大事件，所以都要明瞭來文的要義，陳述高遠的意見。各藩的意見，於二月之內都已送來了，大部分的主張，都認爲沒有與這樣的外國交涉之必要；應以閉關爲妙，如果允許通商，即爲違反祖先遺訓，並且對外貿易，亦於經濟上有害無利。此外，並推崇正弘爲征夷大將軍，夷狄是應當逐出的。這就是綜合的見解。（註三）

這樣看來，閉關論在當時，的確成了主流，而其指導者，當然要推水戶齋昭。他在海防愚見一書中所表示的意見，可說是當時最典型的鎖國論者。其主要意旨，分爲十條如下：（註四）

第一，如果允許美國的要求，則於征代三韓、殺退蒙古、征代朝鮮及禁止異教等國威有損。第二，如果與美國人相接觸，則日本國法第一所要禁止的洋教，將有再起之勢，而祖宗的神靈亦將損其尊顏。第三，通商是有害的，以日本的金銀銅鐵等有用之物，換取彼方的紗羅玻璃等無用之物，實有大害而無小利，與荷蘭通商，尚且要停止；況與荷蘭以外的國家作無益的交易，更爲國家的大患。第四，從前既已拒絕與俄英通商，今若允許與美交易，難免俄英兩國沒有責言。第五，美國固然聲明通商以外無他意；但是寬永以前邪宗門之患，近來清朝鴉片煙之亂，皆爲前車之鑒。第六，研究荷蘭的學者，認爲鎖國孤立不合世界的大勢，應與外國往來，這種主張，只是紙上空談，在這遊惰苟安的風習之下，幾艘戰艦一來，尚且人心惶惶，何能說到渡海遠略。第七，允許通商，將使各諸侯家臣警衞內海的努力歸於無效。第八，長崎海防的黑田與鍋島兩家，原任稽查外人之責；今若接受了外夷通商要求書，則外人間道往來，而黑田與鍋島兩關亦將失其作用。第九，夷狄驕傲之風若不加以打擊，則小民或將不服威望，懷具異心。第十，士氣振興，卽有開戰之必要，如此次夷船到來，卽倉皇失措，夷船停留時，也能現出抗禦的情緒，及至夷船出港，又若平安無事，以致武裝軍備，集而復散，殊非得計；若能決定大計，一心抗禦，則天下士氣，可增十倍，武備亦將不令而自整。這就是水戶齋昭所主張的要旨。

帕利離去江戶灣以後，過了十日，將軍家慶卽告死亡。時爲六月二十二日。家定繼承以後，至七月二十二日纔發喪。在這不幸之中，幕府自難充分的講求對策，除了僅於六月中命令七社七寺祈禱外船退散，四海平靜之外，無他舉動。

以後不久，俄國使節普肖丁(Euphimius Putiatine)到了長崎，又要求與日通商。其來文的內容，一在確定北境，一在要求闢港與日通商。

在先俄國派來使節的消息，是由戶田浦賀的地方官得自帕利的隨員。俄國本想排除美國，賣好於日本，以達併吞日本的目的。此時日本方面有仙台人大槻平次對於俄船來日的事件，提出了一種建議書，主張與俄通商原無不可；但須禁止外教，提倡工業，趕造軍艦鐵礮，撤銷不造大船的禁令等項。(註五)

幕府將俄船安置在長崎，經過很長的時間，纔提出答復。其答復要旨，卽在說明俄船來日以前，已有美船來日。此後各國接踵來日的機運亦將無已，若要一一與之周旋，勢不可能。所以非預先對於國策確定方針不可；然不幸將軍逝世，不得不與京都的天皇及各諸侯從長計議，似此情形，恐非兩三年不能決定。這樣的回答，當然是不負責任的拖延之辭。

送這道回答的使者，就是筒井肥前與川路聖謨二人。十二月到了長崎，經過種種交涉的結果，俄艦乃無事而歸。以後帕利亦回國。從此日本國內，即出了種種關於國防的計畫書。並先於八月，由政府發佈了節省命令，令全國人民從事節省，以其節省之資，充作國防費用。(註六)

同時即決定於日本品川灣、建立礮臺。並昭示人民，凡是從事於品川築臺的士夫，皆先給二百五十文的伙食。在這優待之下，市中人民皆爭先恐後，很快的築成了礮臺。除了獎勵國防之外，同時對於西洋事情的研究，亦由幕府的提倡，而逐漸發達。

開始由政府在天文方面小規模的設立了洋書日解所，及至安政二年，又設立了洋學所，安政三年乃改為洋書調查所。從此以後，為着明瞭西洋的情形，養成了許多人材。

安政四年正月，更通令一般人民，凡欲習讀洋書者，皆可入所研究。惟須從早五時至晚七時為止，奮勉苦讀。其主要課程，則爲英語、荷蘭語、物理學、地理學、單字等科目。

同年八月以後，幕府又屢發命令，催促捐助海防費，計約集有二十萬兩之譜，至九月十五日，乃解除禁造大艦的舊令，在薩摩地方開始造艦。此外，自天保以來即被幽禁的江川太郎及禁錮於左衞門的高島秋帆，均於同年八月解放了，彼等不僅提倡通商論，而且對於軍事上也有很大的貢獻。

此時，帕利因爲日本的內亂所煩惱，從日本來到了中國。當時美國人在上海的財產，共約百二十萬美元，居留上海的美國商人及其領事，皆希望帕利留在上海；（註七）但在帕利看來，對於中國的問題，不過僅有次要的意義，爲着要與日本從速交涉通商事件，不欲長居上海，加以同時又得着俄船訪問日本的消息，並風聞法英亦將相繼來日，於是離開上海，經琉球而再到了日本。彼此次來日，是組織十艘艦隊，於日本安政元年正月十日（即一八五四年二月十二日）到日。彼竟不到浦賀，直來神奈川，欲直接會晤將軍，當面談判。此時幕府因與俄國交涉，已將西洋通的人員如筒井肥前及川路聖謨派往長崎，而對於此次美國的交涉，卻派的是漢學者，即林大學頭、町官井戶對馬、浦賀地方官伊澤美作及監視官鵜殿民部少輔等四人。當帕利此次再到日本的時候，許多識者，都知道非開放門戶不可了。例如松平慶永於二月一日上書阿部正弘，對於江戶灣品川建立礮臺的計畫，卽力主廢止。二月十五日，美國大總統卽舉行了國際贈物禮節，對於日本的將軍及其他人員贈送了許多禮物如電話機、蒸汽機關、照相機等是；而日本方面，也回贈了許多禮物。

在這互相往來之中，兩國交誼將要成熟的時候，終於三月三日訂定了條約。這條約的內容，共有十二條，卽關於互相親善與供給物品（航海中所必要的）等規定。及至三月二十一日，帕利乃離神奈川，視察下田，至五月再來，與日商議過實行條約的方案。

在日本安政元年十二月的時候，曾有美人亞當姆斯(J. Q. Adams)來過日本；後由美國大總統召回了。此次日美訂立的親善條約，本爲帕利武斷外交的產物。在幕府方面，允許自由通商，原非所願，所以條約上的規定，僅以供給薪炭飲水爲主要內容。不料日美締結條約一經外國知道以後，各國卽開始相繼作同樣的要求。

安政元年七月十五日，卽有英國艦隊四艘來到長崎，提出要求。此時來的是士德林(Admiral Stirling)，他對於長崎的地方官，表明英國與俄國開戰，是要從亞洲追擊俄國的。並要日本爲英國船開關港口。此外，還附帶的告訴日本，要注意俄國將有侵犯日本國境之舉。幕府將此要求，提交閣議討論之後，終以修繕船舶為限，允許以後英船可以開入長崎、函館、下田這三港。在這種情形之下，可說對英國已有了與對美國同樣通商的意向。至八月二十三日，乃以長崎地方官水野築後與監視官永井玄蕃頭為條約作成者，與英國締結了通商條約。這就是最初的日英條約。時為一八五四年十月十四日（即日本嘉永七年八月二十三日。）其內容只有六條，即在規定日本給與他國的利益，英國應當均霑。

此外，日本對於俄國的問題，還有普肯丁來日議定國境的事件，因此，幕府纔從事於樺太的調查。當安政元年的時候，因以松前藩為幕府領地，所以委了堀織部正為函館的地方官，及其赴任函館時，俄國使節已回，不及會商。及至安政元年九月，普佳金二次來航，經過函館，停泊於大阪灣。幕府令其轉泊於下田以後，即命筒井正憲與川路聖謨二人為接待員，終於同年十二月二十一日締結了日俄友好條約。

日本與荷蘭通商條件，仍如開港以前一樣，毫無變更，所以荷蘭急於想締結新條約。及至安政二年十二月二十三日，終於訂立了非常細密的日荷條約。從此日美、日英、日俄、日荷這四種條約，遂相繼成立了。

（註一）黑田榮次郎所著日本關係小史，明治三十二年出版，九七——九九頁。

（註二）F. L. Hawks, Narratives of the Expedition of an American Squadron to the China Seas and Japan, etc, Washington, 1856, vol. I, pp. 256—257.

（註三）詳細情形，可參照豬谷善一所著明治維新經濟史第四章鎖國論爭與其思想的背景。

（註四）參照大日本古文書幕末外國關係文書卷一、五〇九——五二二頁。

（註五）本村芥舟編的三十年史，明治二十五年出版，一三九頁以下。

（註六）同前書、一四七頁。

（註七）Inazo, Nitohe, The intercourse between the United States and Japan, Baltimore, 1891, p. 52.

第四節　乙美通商條約

神奈川條約成立後，美國政府卽任命東洋通且爲實業家出身的哈里士(Townsend Harris)爲駐日領事。

安正三年七月，哈里士於下田登岸，八月入柿崎的玉泉寺，這就是最初的美國領事館。在開始的一年間日美間的許多事件都欠圓滑，哈里士是非常苦心焦慮的；其努力的結果，終於第二年五月二十六日締結了一條約，能使神奈川條約進了一步。

這一條約締結後，不久哈里士卽上江戶遞陳國書。他對於不諳外國情形的日本閣僚，給與了種種啓蒙的知識。同時對於以前極不徹底的兩種通商條約也商同修正了，於是安政五年六月十五日的日美修睦通商條約，卽告成立。

這一條約，可說是以後各種條約的模型，是非常精密的。依其規定，原是承認關稅自主權，禁止鴉片貿易，且在某種程度上並尊重日本的利益。不幸後因日方對於開港違了約，而將德川幕府的關稅自主權奪去了。

依這安政修睦通商條約第十四條的規定，是要在華盛頓交換批准的，所以日本於萬延元年，派遣正使新見豐前，副使村垣淡路，監察小栗小野介等三人，出使華盛頓。彼等於正月二十一日乘美國特派來日的軍艦出發，經夏威夷，至巴拿馬，而達華盛頓。其歸途則經耐亞嘎拉（Niagara）渡大西洋，過好望角而達品川，計約十月之久，繞了世界一週。

他們在美國的時候，都受了美國國賓的待遇。及至回國以後，日本又轉換了形勢，即攘夷論的再擡頭。此時彼等使外的意義，也有相當的損失；但是小栗勝及福澤等新知識的效用，卻在日本的非常時期中放了很大的光彩。他們成了明治維新的先鋒，因有他們的努力，以致開放論者的數量也增加了許多。

從此以後，經過了十五年，就是明治維新的時代。日本當時的意識形態，已經充滿了開放的思想。就其原因而言，第一次遣使美國的事業，決不是無功的。（註）

（註）日美協會編的萬延元年第一次遣美使節日記可參考，大正七年出版。

第五節　日美貿易

日美兩國自締結通商條約後，日美貿易卽從此開始，最初與日本直接交易的美國人就是李多氏及多哈泰氏(Messrs. Reed and Dougherty)。一八五五年(日本安政二年)三月十五日，他們從火奴魯魯到達了下田港，在此購入漆器、米、生絲等日本商品，販賣到舊金山，獲得巨利。(註一)不過這種記載，不是出之於美國官署的統計。及至一八五六年(日本安政三年)，美國輸出於日本的，有四千美元的白銀；而從日本輸入到美國的，則有一萬六千八百二十一美元的日本商品。以後二三年交易中斷，至神奈川港開關後，纔又開始交易。茲從美國方面觀察，自一八五五年至一八六三年，其對日貿易的統計，有如左表。(註二)

	對日輸出(單位美元)	對日輸入(單位美元)
一八五五年	—	—
一八五六年	四、〇〇〇	一六、八二一
一八五七年	—	—
一八五八年	—	—
一八五九年	—	二五九

一八六〇年	一三八、七七四	五五、〇九一
一八六一年	四〇、五五三	一〇二、五二二
一八六二年	一二二、九五〇	八七、五一三
一八六三年	二一三、九三七	七三、八五一
合計	五三〇、二一四	三三六、〇九三

依上表看來，可知初期的日美貿易，顯然是美方的片面貿易，而其對日的輸入又是超過對日的輸出。且從美國輸出的，以銀貨爲第一。這是由於美國商人利用日本的金銀比價之高低，以銀貨與金貨相交換爲有利可圖，所以金貨要從日本輸到美國。固然當時由美國輸出鐵製品及小麥粉到日本，由日本輸出茶及生絲到美國這些貿易已經開始；但是皆非重要貿易品。

及至利用歐美與日本的金銀比價已無利可圖的時候，健全的日美貿易纔能開始。從此以後，日本的重要輸出品則爲茶及生絲；而其重要的輸入品則爲貴金屬與煤油及鐵製品。至若進化到近代的貿易，而以生絲爲日本的第一輸出品，以棉花爲其第一輸入品這一階段，當以美國的絲織工業發達及日本的棉織業發達爲前提要件。日本自從明治二十年到三十年完成了這條件以後，日美貿易遂有了飛躍的發展。

（註一）Hawks, Narratives of the expedition of an American Squadron etc, vol.I, p. 390.

（註二）Report of the Secretary of the Treasury, transmitting a Report from the Register of the Treasury of the Commerce and Navigation of the United States.

第六節　生絲貿易

日本的生絲貿易如果要興隆，必要美國的絲織工業有發展。美國的絲織工業，是起於十九世紀初葉，在初是以其本國的生絲爲原料，且對於原料自給大爲獎勵。（美國在獨立以前，因爲供給英國絲織工業的原料，所以對於蠶業不大獎勵。）至一八三〇年的繁榮時代，美國東部各地，蠶業雖曾勃興過；但因一八四〇年的恐慌而完全消滅。而其製織的方法，尚停留於手織機之中，亦爲絲織工業不發達之一因。但是以後因爲絲織工業極發達的英國於一八六〇年採取自由貿易主義，撤廢了從來絲織品百分之一五的關稅，以致英國絲織工業一時大爲衰退，而其資本也就要跑到美國了。加以美國自南北戰爭後，又採用保護關稅政策，於一八六四年規定絲織物爲奢侈品，將向來絲織物完納百分之三〇的關稅，提高到百分之六〇，以致美國的絲織工業，受其保護。從此以後，原料生絲，要從海外輸到美國來了。此外又因一八五七年美國撤廢了生絲的輸入稅，以及亞洲生絲再由歐洲輸到美國時，亦於一八六五年以後免納關稅，這樣一來，原料生絲輸入美國，便極其容易。及至一八六六年，自科內提卡特州開始設立了大絲織工廠以後，其他各處亦相繼設立，以至貝特孫（Paterson）成爲機械業的中心地而發展。

日本自安政二年下田關港以來，其生絲卽已成爲貿易品輸出海外；不過要說到顯然有大量的輸出，還在安政六年橫濱關港以後。尤其是明治元年，歐洲蠶病流行，以致日本生絲及蠶卵紙大爲歐洲所需要，一時外商競購，輸出陡增。

當時英國就是生絲的中心市場。其直接由日本輸出到歐洲各國的也很多，又由歐洲向美國再輸出的亦不少。及至一八八四年（明治十七年）美大陸橫斷鐵道開通以後，日本生絲，卽可直渡太平洋通過大陸，而投入紐約市場了。

日本自闢港以來，關於生絲貿易，向爲居留日本的外商所掌握。在日本方面，也有少數人企圖直接輸出；但因金融機關的不便，又與消費地缺少連絡，且受當時銀價變動的影響，不幸皆歸於失敗。及至明治十三年橫濱正金銀行設立，以及收回商權運動逐漸有了鞏固基礎以後，生絲貿易的中心，纔漸由外商之手移歸日商，以至日漸發展。就日本對美的生絲輸出額看來，在明治十三年爲三百萬元；至明治二十五年，則增加到二二百萬元，已約占對美輸出總額的半數，占日本生絲輸出總額百分之四〇，至明治二十六年，已駕於對歐輸出額之上了。及至明治二十七年，已在橫濱設立了生絲交易所，明治二十九年，又在橫濱神戶兩處設立了生絲檢查所，明治三十年，並制定了生絲直接輸出獎勵法（因外國抗議，卽於明治三十一年廢止，）此外，又對於向爲財政關稅的生絲輸出稅，亦被廢止。有了這種種原因，到了明治三十年，日本生絲輸出總額，遂一躍而達五五百萬元。其對美輸出亦急增到三二百萬元，居然壓倒了輸出於歐洲的地位，占了全部輸出額百分之五七。如果把明治二年到六年這五年日本生絲輸出平均價格統一計算起來，卽可推算明治二十七年到三十一年這五年的生絲輸出額增加了七倍以上，日俄戰後五年增加了十六倍以上。若就日本對美生絲輸出而言，在大戰前已占日本生絲輸出總額百分之七〇，占日本對美全部輸出貿易總額百分之六八。

敬啟

『專題史』叢書，乃民國時期出版的著名學者、專家在某一專題領域的學術成果。所收圖書絕大部分著作權已進入公有領域，但仍有極少圖書著作權還在保護期内，需按相關要求支付著作權人或繼承人報酬。因未能全部聯系到相關著作權人，請見到此説明者及時與河南人民出版社聯系。

聯系人　楊光
聯系電話　0371–65788063
2016年3月28日